(La chica de Cartagena)

La mujer que puso en jaque al Servicio Secreto de los Estados Unidos

(La chica de Cartagena)

La mujer que puso en jaque al Servicio Secreto de los Estados Unidos

Dania Londoño
con Ángel Becassino

Título original: *La chica de Cartagena*.
La mujer que puso en jaque al Servicio Secreto de los Estados Unidos
© 2012 Dania Londoño con Ángel Becassino.
Todos los derechos reservados.

© De esta edición:
   Santillana USA Publishing Company
   2023 N. W. 84th Ave. Doral, FL, 33122
   Tel: (305) 591-9522
   Fax: (305) 591-7473
   www.prisaediciones.com

Diseño de cubierta: Pauline López
Foto de portada: SOHO/Pizarro 2012

ISBN: 978-1-61435-955-5
Primera edición: octubre de 2012

PRISA EDICIONES

3 6109 00433 3610

No existen hechos, solo interpretaciones.
Frederick Nietzsche

El hombre es una inteligencia al servicio de sus órganos.
Aldous Huxley

1

Yo no sospeché que aquel hombre en Tu Candela fuera un agente de seguridad. Ni que sus amigos lo fueran. Nada. Me pude imaginar que era un soldado, pero en realidad ni lo pensé. Se supone que si era un agente tenía que tener sus gafas, su traje negro, camisa, y yo no vi nada de eso.

Y el comportamiento de él tampoco daba para pensar nada especial, era como cualquier hombre. A la larga lo único diferente es que era más bruto, porque si fuera inteligente no hubiera permitido que ocurriera lo que ocurrió. Y dicen que trabajaba en Inteligencia.

Ahora que lo pienso me viene la idea de que muchas cosas andan mal quizás por eso, porque hoy cualquiera ocupa puestos que no debiera.

Cuando estaba en Dubái veía las noticias de la investigación en el Congreso de Washington y pensaba en haber enredado hasta al Presidente de Estados Unidos. Pues, ¿qué puedo sentir? Yo me dije, siempre he vivido lo que ha ido cruzándose en mi vida, tomando decisiones apresuradas, siempre he sido así, arrebatada. Pero no debe ser malo eso ya que he llegado tan lejos.

Lo que pensé fue: Estoy en la boca de Obama, ¡por Dios!, como prostituta o sea como sea, moví al Servicio Secreto, puse a hablar de mí al director de la CIA, al Presidente de Estados Unidos. Y eso a mí me satisfacía. Es que, visto desde ahora, es un orgullo, ¿no?, un orgullo de mujer sencilla, que recibe un reconocimiento al luchar por sus derechos. Porque eso fue lo que hice, luchar por mis derechos, por hacer cumplir un acuerdo que ese señor había hecho.

Pero al principio eso lo que me daba era miedo. Me daba miedo porque pensaba que podían tomar represalias conmigo. Es más, yo en La W dije, como una defensa, que si a mí me llega a pasar algo yo no he dado motivos, soy una persona normal, yo no tengo líos con nadie, líos tienen ellos. Porque yo ahí ya había analizado, ya había estudiado quiénes eran ellos, que son francotiradores, todo eso, y me asusté. ¿Qué tal que venga aquí un hombre y me mate? ¿Quién va a saber quién es? Ese era el miedo, y todavía lo siento.

Aunque no lo parezca, siento mucho miedo. Pero ahora no tanto con ellos, más bien con la gente aquí en Colombia, ahora lo siento, que me tiene mucho odio, mucha rabia por haberme atrevido a reclamar lo mío. Y porque me fue bien. Porque en Colombia lo que hay es mucha envidia.

Por eso evito salir, yo me paso aquí días deprimida, paso llorando, pero prefiero estar aquí que corriendo peligro afuera, porque la gente es mala, y como dicen que dañé la imagen de Colombia y de Cartagena, muchos piensan que alguien debe castigarme por eso.

Cuando ocurrió todo esto mi amigo Tony me preguntó un día si me gusta Obama, le dije que no, pero me puse nerviosa y me dio risa, porque es un moreno muy atractivo, muy chévere, me encanta cómo habla, cómo camina. Obama es un hombre que inspira morbo, se le ve como todo un estilo, un hombre que manda, que tiene el poder, y eso excita a cualquier mujer. Pero le dije: Ay, Tony, ¿cómo me vas a hacer esa pregunta a mí? Él es Presidente de Estados Unidos, hasta gratis se lo daría. Y que me diga: Dania, ven, ten algo conmigo y ya no hables más del escándalo con el Servicio Secreto, que me agitas la campaña de la reelección. Me da mucha risa, creo que pasarán años y seguiré teniendo nervios cuando piense en todo esto.

Pero he pasado mucho miedo. Cuando estaba en Dubái, me contó Tony que andaba por Cartagena gente rara entrevistando prostitutas, averiguando cosas entre ellas. Y yo empecé a temblar. No sé por qué, pero temblaba de los pies a la cabeza. Porque en Colombia es tan fácil matar a la gente, y ellos yo sé que matan cuando quieren, y nadie les puede hacer nada. Desde que les metieron aquellos aviones en las torres de Nueva York, ellos tienen permiso para matar donde quieran. Y nadie puede andar preguntando por qué, porque también "lleva".

Es que corrió un rumor que yo era terrorista, y que había armado un complot. Un abogado me demandó, todavía estoy demandada en la fiscalía de Cartagena por ese abogado, que yo ni sabía que existía. Después de que hablé en La W él salió diciendo que yo tenía un novio árabe, que es mentira, pero dijo que él era mi jefe, no un novio, un jeque árabe decía. Que yo tenía una orden de ese jeque árabe para que destruyera a los agentes de seguridad de Obama, una historia disparatada, que yo les iba a echar algo en los tragos a ellos, y que anduve buscando dos niñas de *Alondra*, que es un puteadero de lo más bajo de Cartagena, de lo más bajo que hay. Que yo había buscado dos niñas de ahí y le había ofrecido a cada una cien millones de pesos para que me ayudaran a hacer ese complot contra los agentes de seguridad de Estados Unidos.

Una locura tan loca que hasta provoca risa. Y eso es lo que me dio al principio, risa, cuando lo veo en Internet. Porque yo me la paso mirando Internet desde que ocurrió esto, y más pegada estaba cuando me quedé aislada en Dubái. Me he obsesionado con Internet, mirando todo el tiempo el Facebook, viendo ahí todos los disparates de este hombre, ese abogado, que me había demandado en Estados Unidos, que yo era terrorista, que había prostituido menores de edad. Yo me dije: ¿Esto qué es, un episodio de qué?, ¿qué montaje es este? Y después de la risa me dio más miedo.

Era tan loco, tan disparatado, pero le daban prensa. Ahí tenía que haber alguien montándome un lío, porque eso sí, si uno hacía los nuditos hasta parecía que tenía sentido. Pero también era ridículo para mí, porque yo sabía lo que había sido todo aquello. Yo peleando por tratar de cobrar mis ochocientos dólares, y les voy a pagar a cada una cien millones de pesos.

Además, ¿cómo iba a saber yo que ellos eran ellos? Se supone que si es la seguridad de Obama estaba allí era de incógnito. ¿Cómo iba a saber yo que ellos iban a ir a esa discoteca? Era algo ilógico, pero al mismo tiempo es una historia que, si te pones a mirarla, hasta concuerda: Estados Unidos, Dubái, Cartagena…

Al salir de la Embajada de Estados Unidos en Madrid, donde respondí a las preguntas de dos agentes, mi abogado les explicó a los periodistas que yo les había contado a los agentes del Servicio Secreto de ese país que me interrogaron todas las circunstancias, modo y lugar de los hechos, explicando lo ocurrido en la habitación de un hotel de Cartagena durante la Cumbre de las Américas, cuando uno de los integrantes del Servicio Secreto no me quiso pagar lo acordado por los servicios sexuales prestados. Y él les informó a los periodistas que los investigadores no le pusieron ninguna atención a la versión del abogado. Y les dijo que ese abogado representaba a dos prostitutas cartageneras, y me acusó de estar al frente de una conspiración ideada en un país de los Emiratos Árabes, sin ninguna prueba.

Me encanta lo bien que se expresa mi abogado, cómo sabe poner en orden las cosas, presentarlas, convencer con la forma en que las muestra. Me sorprende. Yo soy de hablar mucho, pero cuando me encuentro con alguien que piensa bello, que sabe ordenar las cosas cuando las cuenta, lo que más me gusta es quedarme en silencio, escuchando.

Eso de la embajada fueron como cuarenta minutos, algo así. La parte en que hablé con ellos, porque antes hubo una espera, obvio, era la Embajada de los Estados Unidos de América. Ahí toca esperar, y no ponerse inquieta. Entonces cuando pasamos, Abelardo, mi abogado, me presentó, habló de mí con mucha cortesía, ellos escucharon, y luego empezaron a hacerme preguntas y a anotar cositas.

Los agentes me preguntaban todo lo que había pasado durante esa noche, y yo les contesté cada pregunta que me hicieron. Ellos no decían nada, no opinaban, en ningún momento hicieron comentarios sobre la actitud del hombre que no me quiso pagar. Ellos simplemente me preguntaban, eran un hombre y una mujer. Y yo los observaba, mientras hablaba. Y no dejaba de preguntarme cómo pueden ser tan fríos. Y al mismo tiempo me sorprendía que no fueran nada especial. Y esperaba, como diciendo: Vamos, disparen sus preguntas terribles, muéstrenme que son quienes se supone que debo imaginar que son ustedes.

Ahí en la embajada me sentí otra vez como cuando me enteré que aquel hombre atractivo, guapo, de pelo cortito, un poco encantador, aunque bajito, era un agente secreto al servicio del mismísimo señor Presidente de los Estados Unidos. Y me quedó la sensación de que hemos visto demasiado cine, muchas películas, tantas que nos han hecho pensar que es real algo que no existe.

Me encantó estar en Madrid y volver a ver a mi mamá. Yo tenía mucho tiempo de no verla, y llegar ahí me hizo olvidar de todo lo que estaba pasando. Disfrutar casi un mes con mi mamá fue como un premio, sentirme otra vez la hija, la niña en casa.

Mamá pidió vacaciones en su trabajo, me llevaba a pasear en el carro, a conocer Madrid, los pueblitos cerca, con mi hermano. Comimos tapas, jamones, queso manchego, tomamos vinos muy buenos, Rioja, Ribera del Duero. Me divertí mucho esos días.

2

Yo nací en medio del Caribe, en la isla de San Andrés, el 21 de diciembre de 1985. Después viví cuatro años en Pueblo Nuevo, Córdoba, porque mi mamá era muchacha de servicio en una casa, y no podía tenerme con ella ahí, así que me mandó adonde mis abuelos maternos, allá en Córdoba.

Mi papá la dejó embarazada y se fue, entonces ella estaba sola, y conmigo. Después se consiguió otro hombre, y quiso hacer una familia con ese otro hombre que conoció, y le dijo a él que tenía una hija, que estaba con los abuelos, y él le dijo tráetela para acá, para San Andrés, la registramos con mi apellido y va a ser mi hija.

Y ahí volví a San Andrés, una niñez bonita fue, con mi hermano, que tiene 21 años ahora. Parecíamos siameses, pasábamos todo el día pegados, abrazados, íbamos a la playa, jugábamos. Me iba yo a comer y él se iba a comer conmigo, me iba a bañar y me esperaba afuera, a que yo me bañara, era mi doble. Mi mamá nos tenía metidos en karate, en natación, en clases de pintura, y éramos muy unidos, aunque peleábamos y nos dábamos puñeras, pero nos queríamos. Él era mi felicidad en esos días.

A pesar de que mi mamá era ella misma una empleada, nos tenía una a nosotros, a la que mandaba a buscar de los pueblos, que era donde se las conseguía. Mi mamá tenía unos niños que cuidaba, y nos mezclaba con ellos. Cuando salía de paseo con los otros niños nos llevaba a nosotros también, al parque, al Club Náutico, porque ellos eran de buena familia. Entonces fuimos creciendo bien, teníamos una niñez feliz.

Tenía 13 años cuando mamá decide separarse de mi papá, y ahí cambia todo. Ahí cambia mi comportamiento, dejo de ser la niña tierna, buena. Empecé a sentir que todo lo que hacía mi mamá era malo, y mi reacción fue comportarme como niña mala, comportarme mal en el colegio, molestar a mis profesoras.

Era una niña supergrosera, montaba lío con otras niñas en el patio, les decía no entren a clase, quédense conmigo, las influenciaba para todo eso. Esa era yo. Y lloraba mucho la ausencia de mi papá, que era mi padrastro, pero para mí era mi papá, ay, yo quiero que mi papá regrese. Hasta que un día mi mamá, muy brusca ella, me dice: Ya deja de llorar, si él no es tu papá.

Ella ahora se arrepiente de eso, porque fue peor, yo pasé a comportarme más mal. Entonces me echan del colegio, y mi mamá al ver que ya no podía conmigo, que yo era respondona, grosera, que no me dejaba organizar por ella, me manda para Betulia, Antioquia, donde mi tía. Me manda donde mi tía porque esa tía es una persona recta, rígida, y mamá me dice: Allá tu tía sí va a poder contigo. Ah, bueno, mándame para allá, yo no quiero vivir más en tu casa, tú ya no estás con mi papá, yo no quiero vivir más contigo. No, que no es tu papá, entérate de una vez, me dice ella, pero yo no le hacía caso, no quería creer eso. Entonces me voy para allá y me meten en un colegio de monjas.

Había muy pocos colegios en Betulia, porque es un municipio pequeño, un pueblo. Y ahí conozco otra gente, y me hago de unas amistades muy malas, pero muy divertidas, que me gustaban mucho, y que estudiaban conmigo. En tres o cuatro meses de estar ahí ya éramos los mejores amigos, cuando de pronto matan a uno de ellos, en una "limpieza" que hacen en el pueblo, de esas en que matan jóvenes por drogas, o a algunas chicas acusándolas de prostitutas, o a ellos de rateros, eso que llaman limpiezas sociales. Y después matan a la otra, pero ahí yo ya me había ido.

Yo hacía maldades con ellos, pero maldades inocentes, como ir a sentarme a los bares a los 13, 14 años, a tomarme una cerveza. No sabía qué hacían mis amigos, pero después de que los matan pensé que harían cosas malas que yo no conocía. Cuando quiebran al primero me asusto, pienso yo con quién andaba, y estando en eso mi tía llama a mi mamá y le dice: Norma, creo que es mejor que Dania se devuelva para San Andrés, aquí está sin control, esto está caliente con los jóvenes que andan haciendo cosas malas. Le dice que aquí al pueblo lo cierran a las 7 de la noche, y a esa hora Dania nunca ha llegado a la casa, yo no sé qué hacer con ella, tiene muy malos amigos, ya mataron a uno. No, no, mándame a Dania, yo no quiero que a mi hija le pase nada.

A mí no me importaba, no le daba la importancia que otros le daban, mataron a Francisco, me dio duro, otro golpe más, aparte del que recibí cuando me enteré lo de que mi papá no era mi papá, pero ya. Mi reacción cuando volví a San Andrés fue ser más mala todavía. Y estando allá, a los dos días, llama mi tía: Norma, gracias a Dios que la niña está allá, acaban de matar a la mejor amiga de Dania aquí en Betulia. Ella podía ser dos años mayor que yo, tener 15, 16 años, y estudiaba conmigo, pero además de ser una niña del colegio era una peladita bandida que se acostaba con uno que otro por ahí, pidiendo plata y eso. Ella estaba suelta, vivía en una de estas casas de pensión, no sé ni quién era su mamá ni nada, suelta andaba ella. Y era muy linda, mi mejor amiga.

Cuando se enteró de eso mi mamá lloraba y lloraba, me acuerdo: Ay, hija, menos mal que te viniste para acá, si no también te hubiesen matado a ti, porque *mira con quién andas y te diré quién eres*. Mi mamá siempre era con dichos. Mami, pero ya estoy acá, relájate, le decía yo, aunque también tenía mi dolor, y lloraba por mis amigos.

Pasó eso, y con los días lo fui superando. Como me habían echado de un colegio, del Bolivariano de ahí, de San Andrés, ya ningún colegio de los buenos me quería aceptar, porque tenía esa marca de mala conducta. Entonces me pusieron en el colegio donde recogían toda la basura, todas las lacras, que le decían El Rancho. Ahí me mete mi mamá: Ahora vas a estudiar en El Rancho, me dice, como si fuera lo peor, y yo: Ay, sí. Eso quedaba a la vuelta de la isla, al lado del mar, donde viven todos los negritos, ahí estaba metido este colegio.

Me escapaba a la playa, me llevaba el vestido de baño metido en el bolso del colegio, y el bronceador y una toalla. Yo estaba en séptimo, creo, pero casi nunca entraba a las clases, me iba con las de octavo y noveno a broncearme. Esa era yo, esa era mi vida. Entonces llaman a mi mamá un día y le dicen: Norma, tu hija no ha entrado a clase, que no sé qué, que no sé cuánto.

Mi mamá tenía una moto y se va hasta allá, hasta la vuelta de la isla, adonde yo todos los días me iba en bus, y me ve en la playa, bronceándome, toda divina, con mis otras amigas. Y ella me coge y me da una pela delante de todo el mundo, y yo: Ay, Dios mío, qué vergüenza, porque era la hora de salida del colegio y mi mamá ahí, pegándome en la playa. Y esa señora cogía los cuadernos, que estaban todos nuevecitos, no había escrito una línea en ellos, y los tiraba al mar, ya no vas a estudiar más, que no sé qué, y péguame. Y pasó el bus del colegio con todos los niños, y el bus paró: No le pegue más, déjela —gritaban—, y yo: Ay, Dios mío, qué vergüenza.

Ya no vas a ir más al colegio, me dice, pero al día siguiente me compra otra vez los cuadernos, porque yo le prometo:

Mami, voy a cambiar, a ser otra niña, voy a entrar a clases, te lo prometo. Lo que no quería era dejar mis amistades, a mí no me importaba que me hubieran visto que me estaba pegando, aunque en el momento me había dado mucha vergüenza.

Ella me comió cuento y seguí en mi colegio, fumando, bronceándome. También me hice un tatuaje con una puya y tinta, que porque íbamos a hacer un grupo, una pandilla, locas que éramos. Y allí aprendí a manejar moto, porque mis amigas tenían moto. Es que eso quedaba lejos, para ir se necesita transporte, y a las que podían los papás les compraban moto, de las pequeñitas.

3

Las chicas que ejercen el "más antiguo oficio" no son exclusividad de Cartagena. Están en todas partes, son aquellas *bad girls* universales sobre las que Donna Summer cantaba en los setenta. Unas veces sufren sacándole astillas al cuerpo, interpretando fantasías propias y ajenas, desgastándose mientras llega el implacable mañana. Otras veces gozan, les va bien, y ahí encarnan la verdad que reivindicaba una camiseta muy usada por las chicas en esos setenta: *Las chicas buenas van al cielo, las malas a todas partes.*

Pero una cosa poco observada en ellas, y que los que hablan en esa tienda caribeña comprenden perfectamente, es que la prostituta es quien instala en su cliente el conocimiento de la intimidad verdadera, desplazándola del lugar alquilado entre sus piernas a otro territorio, íntimo, inaccesible, ese del beso que niega, como los chinos que lo rechazaban porque veían en él un remanente del canibalismo de sus antepasados.

Y ahí discutirán, hasta coincidir en que, muy seguramente, la explicación de la negación del beso en la prostituta es otra, una que conecta con esos pueblos de África que no se besan porque consideran la boca una puerta al alma, y creen

21

que podrían robarnos el aliento vital en un beso, lo cual no es disparatado.

Y un estudioso de la historia repasará entonces el uso medieval del beso, que tenía el valor de un contrato. Desde los grandes tratos hasta el juramento de fidelidad mutua entre el señor y su vasallo, se sellaban con un beso en la boca entre ambos. Luego hablará del beso a los leprosos como símbolo piadoso, ese que practicaban religiosos y nobles medievales y, según una leyenda, también los guerreros templarios. Pero cuando la peste se tomó a Europa, el beso desapareció de las bocas, y desde esa ausencia —llevada por los colonialistas ingleses, aunque la tradición del Kamasutra especificaba treinta formas diferentes de beso—, India y Nepal son sociedades que lo rechazan con vehemencia, llegando a castigarlo con multa cuando se realiza públicamente. Y en la musulmana Indonesia van más lejos, penándolo hasta con cinco años de cárcel.

Y entonces, a la duodécima cerveza, uno de los contertulios dirá que el beso es una herencia de la técnica de alimentación que algunas aves, y algunos mamíferos, utilizan con sus hijos, masticando el alimento con sus picos o bocas para dárselo luego, en una forma más fácil de ingerir por ellos. Y que el beso se originó en la prehistoria cuando las madres, como esas aves, alimentaban a sus bebés dándoles con la boca los alimentos ya masticados. Y en esa dimensión, al evocar los hijos a la madre, el beso es territorio sagrado. Y como las prostitutas son madres, con eso no se juega.

En ese mundo tan rico en el juego con las palabras y los pensamientos, se movía más o menos de incógnito Dania, viviendo una doble vida, una señora en el barrio, una prepago en otros ámbitos, trabajando mayormente para extranjeros de afuera y de adentro: los cachacos, del interior colombiano.

4

Me metí a este negocio porque era rentable, ganaba buen dinero y podía mantener un estilo de vida que me dejó un hombre que conocí, que era casado, y me ayudó mucho. Pero después me dejó, se cansó de mí, se aburrió, porque su familia ya estaba poniéndole problemas. Se le estaba saliendo todo de las manos, y para zafarse del problema me dejó. O tal vez fui yo la que se empezó a cansar, porque él era un hombre muy mayor, y me empecé a aburrir. O como que no sabía qué sentía por él, si era amor, si era agradecimiento o si era un amor de padre, que me quedó faltando en la vida.

Él me ayudaba, me solucionaba las cosas, compraba mi ropa, todo, la comida, me pagaba los servicios, el arriendo… Yo nomás respiraba y comía, esa era mi vida. Pero estaba aburrida, y él tenía todos esos problemas que le ponían en su casa, y tal vez yo lo dejé de tratar como merecía. Entonces me dejó, y a mí se me vino el mundo encima, cogí una fuerte depresión, fue la primera vez que me traté de suicidar, tomé pastillas, con licor, como doscientas pepas. Yo no sabía qué servía para suicidarse, así que mezclé de todo, somníferos, pastillas para el dolor de cabeza, me tomé todo lo que había en la casa.

Después de eso aterrizo. Como me doy cuenta de lo que les pasaba a los hombres con mi cuerpo, ocurre esto de que el hombre se zafa y yo me digo: Tengo un estilo de vida que no lo quiero perder, con muchacha de servicio, mi hijo en un buen colegio, un estilo de vida que ese hombre me creó, ¿cómo voy, de la noche a la mañana a decaer, a ser una empleada? Lo que tenía que hacer era mantener ese nivel a como diera lugar. Y ahí decido hacer esto. Y un día estoy con mis amigas, y me dicen: Dania, mañana hay un paseo para las islas, ¿quieres ir? Ay, sí, vamos. Pero allá va a haber prepagos, porque a nuestros amigos les gustan las prepagos, me dicen. A mí no me importa, digo yo.

Cuando estoy en ese paseo, que duró dos días, veo a una mujer divina, también operada, flaca, alta, blanca, rubia, ojos verdes, muy linda, y se está fumando un tabaco de marihuana. Yo me acerco y le digo: Oye, qué bonita estás. Y ella: Gracias, tú también estás muy bonita, que no sé qué. ¿A qué te dedicas?, me pregunta. No, a nada, estoy terminando el bachillerato, validando diez y once, y le conté que tuve mi hijo, la historia. Ajá, qué bueno que estudies, nena. ¿Y no te gustaría ganar plata? Obvio que me gustaría ganar plata, porque la necesito, y también porque a mí la plata me encanta. ¿Cuál es la manera de ganar plata, qué negocio me vas a ofrecer?

Y me dice: Yo soy prepago, y en dos días tengo una rumba y van a venir unos amigos italianos divinos, ¿quieres ir? Pagan un millón, pero me tienes que dar doscientos, y te quedas con ochocientos. Yo le dije: Ahhh, ¿y eso qué tal es? Me dice: Súper, los hombres están buenísimos, tienen 25, 26 años, son italianos, tú sabes cómo son los italianos de divinos. Lo voy a pensar, le dije, y ella no me toca más el tema.

Después vi a mis amigas pasándolo bien, ellos pagaron, se encerraron, disfrutaron con ellas, como noviecitas, que les agarran la mano, que les dan besitos, que están en la playa tomándose algo, nunca las trataron feo. Volvemos, me voy para mi casa y ni bien llego me miro en el espejo el cuerpo. Yo tenía un espejo de cuerpo entero y allí me miro en traje de baño. Me miro así y me digo: Estoy buena, ya todos los hombres me lo demuestran cuando me miran… Y ahí, viéndome en el espejo, me decido. ¿Por qué no lo voy a hacer?

Como a los dos días la niña que había conocido me llama: Dania, ¿estás preparada para la noche?, y le digo que sí. Chévere, relájate, eso no es nada del otro mundo, me dice ella. Yo tenía miedo, pero iba segura de lo que hacía, entonces no se me notaba. Lo que iba pensando era: Este hombre me dejó, pero ahora comenzaré a coger plata yo misma. Y cuando llego allá ella les dice que es mi primera vez, que he tenido novios pero que esta es mi primera vez en este negocio.

Todos me caían, todos querían conmigo, porque a las otras ya las conocían; los italianos llevaban una semana de estar en Cartagena. Así empezó aquello, ellos riendo conmigo, hablándome, y la líder dijo: "Bueno, ya vamos a dejar la charla y vamos a la plata". Ponen la plata, éramos ocho niñas, ponen ahí los ocho millones de pesos, ella coge lo suyo y dice: Les voy a sacar enseguida los doscientos de comisión a cada una y les doy lo de ustedes. Me da mis ochocientos, los guardo, miro alrededor, los hombres estaban divinos, todo era muy agradable, y así fue que comencé.

Y se me hizo fácil, hubo *feeling* con uno, me gustó, él gustó de mí, y me quedé con ese. Bebimos, nos emborrachamos, lo pasé delicioso, nos reímos, éramos todos jóvenes, bailamos, fumamos, gritamos. Y llegué a la hora del cuento con él y se me hizo lo más natural, porque él me gustaba. Después ella me siguió llamando, como tres veces en la semana siguiente, y en pocos días ya tenía yo unos tres millones de pesos, y me sentía genial, porque todas las veces me tocó con hombres bien, hombres que no eran desagradables, que eran chéveres.

¿Es malo ganar dinero haciendo eso en lo que una es buena?, se pregunta Dania cuando un cliente le comenta, en tono de reclamo, que sin impuestos y pago *cash*, ¿qué negocio es más fácil que el de ella, aunque no le ayude al país en nada, y más bien le haga daño en la imagen? Pero antes de responder recuerda una frase que le escuchó a Homero Simpson, cuando era pequeña y pasaba h oras pegada al televisor en San Andrés. Como si fuera uno de esos mensajitos que salen en las empanadas secas que dan al final de la comida en los restaurantes chinos, Homero recomendaba: "Nunca digas algo si no tienes la certeza de que todo el mundo piensa lo mismo". Entonces Dania se queda en silencio, tragándose alguna que otra palabra.

Lo bueno de esta profesión es que si una pone la atención, se instruye, pensó en el pasado Dania al escuchar a algunos clientes a los que les daba por hablarle de temas de esos que en principio ella no entendía.

Recuerda Dania que un hombre poderoso, esmeraldero de oficio, le contó que los jesuitas eran los dueños de las minas de Muzo y Coscuez allá por el 1700, y que cuando los expulsaron de Portugal y Francia, y ya se los iban a "cargar" en España, creyeron que esas esmeraldas les servirían para sobornar a un tal conde de Aranda y salvarse. Supo por aquel hombre que fueron esos jesuitas los que trajeron los toros al país, los de lidia. Y se enteró de que existió una "Flota Negra", y supo de otras cosas que no sabía. Pero en algún momento del monólogo a ella le comenzó a doler la cabeza.

Días después de oír todo aquello cayó en cuenta de que hubiera sido chévere haberle preguntado qué pasó con los jesuitas cuando el papa Clemente disolvió la Compañía, qué les hizo, si los mandó a otras congregaciones o los encarceló en el Vaticano para que ya no anduvieran por ahí haciendo daño.

De aquellos que retozaron entre sus sábanas no recuerda a muchos. Alguno "felizmente casado", otro infelizmente, un par que extrañaban a la mujer que hubo a su lado y la buscaban en ella. Y uno que agradecía no tener a nadie que lo increpe, que discuta con él por una mirada, un silencio o una palabra. Y quizás también un par de sementales italianos, de esos que babeaban al verle caminar con la sonrisa en sus caderas. Y un sicario que le decía una y otra vez: "La vida no tiene gracia sin riesgo, mami". Y un gringo que alababa el "saber hacer" de Dania, ese *know-how*. Pero no recordaba en especial a ningún narco de esos que bañado en oro le acariciaban con dólares el cuerpo. Pero en cada versión de su repaso podía regresar a cada escena a tiempo, reconstruir los detalles centrales, las palabras, el aliento, los juegos de los cuerpos.

Haciendo memoria, también recuerda a un canadiense con aspecto de leñador que le exigió oler sus medias de algodón, mientras él olía el calzoncito de ella y se masturbaba. Y luego jugueteó en sus pezones con un cubito de hielo.

Y a un poeta que se excitaba envolviendo su pene con una flor, y que le hablaba a ella, la hija de la florista, de Rosa y Margarita, dos mujeres que había amado. Y a un argentino que se quejaba todo el tiempo y le decía: ¿Qué parte no entendiste, nena?, y hablaba del sexo y la muerte porque ¿qué otros grandes temas hay? Y que, de repente, sobresaltado, se incorporó en la cama y dijo: ¿No escuchás ruidos, nena? ¿Será que cortaron el agua? Lo recuerda por lo raro.

Y recuerda a un paisa que hablaba de los celos que puede sentir un hombre con un trasplante de mano, celos de esos dedos cuando tocan a su mujer o a su amante. Y una amiga le contó de un tipo que trajo las cenizas de su madre y las esparció sobre la cama. *Guácala*, pánico.

Conoció a un mexicano que le habló del Señor de los Cielos, aquel traqueto que dominaba las rutas del aire para meter perico en Texas, y le contó que en el mundo azteca una prostituta costaba diez pepas de cacao, lo mismo que un conejo. Y a un panameño que estuvo en Mumbái, y le habló de muchachas con catre al paso en la Avenida Central, hombres que entran a descargarse en ellas apurados, como si entraran a orinar, a defecar, entre olores de sándalo, loto, jazmín endulzando la nariz.

Y conoció a un socialista chileno que le explicaba que primero te crees que todo es escaso y muy costoso, después que debes competir educadamente por ello, mientras el planeta lucha por un plato de comida, un vaso de agua o tan solo un poco de respeto, *pó*. Ese eterno "pó" que aplican los chilenos, y el "huevón" a cada rato para hablarle a una, piensa ella, cuando una lo que menos tiene es huevos.

Aquel chileno le hablaba de que los gobiernos suben y bajan por razones higiénicas, no por proyectos. El anterior era corrupto, dice el nuevo político y propone un cambio para acabar eso. *Yes, we can, pó*. Y si hay un proyecto que parece alternativo a lo de siempre, en cuanto suben ya puedes ver que todo era ilusión, o que el nuevo es tan inepto o corrupto como el viejo. Y luego juraba que ya no hay revoluciones. Como mucho hay suaves evoluciones, con tropiezos. *Tecnología, modernización, innovación*, son las palabras que reemplazaron *revolución*, decía el chileno.

Y a ella le quedaba la sensación térmica de que algo en la pasión colectiva se ha enfriado. Y en una revista leyó luego que un costeño como ella, pero que en vez de dedicarse al sexo como oficio, puteando para señoras insatisfechas, fue guerrillero y creó aquella cosa del M19, que tal vez debió llamarse M69 para tener más éxito, decía: "Yo no creo que se pueda hacer una revolución, y creo que nunca se ha hecho, sin desatar los sentimientos y afectos más profundos". Y piensa Dania que quizás sea eso, que no hay capacidad para desanudar los afectos.

También conoció a varios políticos del Congreso. Con aire de grandes señores unos, otros casi que de delincuentes. Entre ellos recuerda en particular a dos. Uno, llanero, que hablaba de meterle violencia a la política y a la economía, que solo así funcionaban. Otro, cachaco, muy preparado, que decía que Colombia es un país de derechas, con nichos de izquierda, y que aquí hasta los pobres son mayoritariamente derechistas.

Muchas cosas cruzan por su mente, pero ninguna tan importante como para que olvide a su hijo, en el que piensa todo el tiempo. Y el primer ministro inglés olvidó al suyo en un *pub* después de tomarse unos tragos, y es el primer ministro británico, ¿no?, se sorprende y le cuesta creerlo. Pero lo acaban de decir en el noticiero.

Y luego dicen que las compañías mineras en Colombia pagan menos impuestos que las secretarias. Y se llevan oro, níquel, petróleo, carbón. No siente emoción, tampoco dolor, le es indiferente, como al promedio de los colombianos. Cambia el canal varias veces y se detiene en una película documental que muestra a un señor ruso que mataba y dejaba los cadáveres en neveras, los sacaba un par de años después y los botaba cuando ya nadie buscaba al muerto. Gente seria. No como estos sicarios colombianos que andan con pendejadas de rezar las balas, comenta Tony, que está viendo televisión con ella.

Al final de la tarde se "produce" para entrar en escena, elige un vestuario con Tony, se maquilla un poco, mesurada, y con su belleza organizada llama a Jairo, su taxista de confianza. En el radio del taxi suena Calle 13 hablando de Latinoamérica: *Soy una fábrica de humo, mano de obra campesina para tu consumo,* y más adelante, como educando al gringo, machaca: *Tú no puedes comprar al viento, tú no puedes comprar al sol, tú no puedes comprar la lluvia, tú no puedes comprar el calor, tú no puedes comprar mi alegría.*

El taxi pasa frente a la casa de un político que ella ha conocido, y en ese momento lo ve salir con su esposa y sus dos hijos. Observa a la mujer, le parece bella, elegante, pero bueno, algo tendré que no tiene ella, piensa, y el radio pasa a otro reguetón de los puertorriqueños, el clásico *Levántate, ponte hyper, sácale chispas al estárter, préndete en fuego como un lighter, sacúdete el sudor como si fueras un wiper*, y se le alborotan las ganas de enrumbarse.

Pero tiene claro que hoy necesita trabajar, traer dinero a casa, para dejarle a la muchacha, para lo que necesite su hijo. Porque en un tiempo corto estará en el cielo, volando hacia Dubái. Indiferente a su decisión responsable, el radio sigue incitando con que *tienes el área abdominal que va a explotar como fiesta patronal, que va a explotar como palestino*, y después: *Yo sé que a ti te gusta el pop-rock latino, pero es que el reguetón se te mete por los intestinos, por debajo de la falda como un submarino*. Le da risa el salvajismo de lo que dicen, y enseguida se siente aun más aludida, cuando la voz habla de nalgas de 14 kilates bajo la minifalda subida hasta la espalda.

Tony sabe también que ella necesitaba dinero porque quería sorprenderle con un regalo serio. Cuando ocurrió aquello, era justo la fecha de su cumpleaños, cuenta el amigo íntimo de Dania, casi su hermano, nada de sexo, aclaran ambos cuando tocan el tema de esa amistad verdadera. Y sigue Tony: "Ella había salido esa noche porque tenía necesidades de dinero, por las obligaciones de su casa, el colegio de su hijo, necesidades impostergables, pero también, creo, estoy seguro, salió porque quería conseguir plata para hacerme un regalo.

"Desde que nos conocemos hemos sido como hermanos, nos protegemos, nos ayudamos, y yo la he visto a ella como la mayor, esa hermana que es tu punto de apoyo. A ella la siento a veces como una parte de mi cerebro, pensando al tiempo juntos, y lo mismo yo me siento parte del cerebro de ella, pensando sobre sus problemas o sobre un asunto cualquiera. Todo es muy natural entre nosotros, nos gusta hablar sin cuidarnos de decir esto o de cómo el otro va a interpretar aquello, siempre hemos sido absolutamente sinceros el uno con el otro, leales.

"Cuando ocurrió esta cuestión, ella me lo contó como una anécdota, y cuando los detalles se fueron conociendo, porque ya eran públicos, al principio hicimos risa de eso, lo tomamos como un chiste. Después, cuando se puso grave, ya nos asustamos. Pero todavía nos reíamos, eso era un columpio donde íbamos del susto a la risa, y volvíamos a asustarnos.

"Después ella se tuvo que ir, y ya no regresó a Cartagena. 'Para avanzar siempre hay que dejar cosas atrás', decía la mamá de Dania, que siempre se expresaba por dichos según me contó alguna vez ella. Pero eso ha sido muy duro, ese vacío que se abrió en nuestra relación de un momento a otro, esa distancia. Sufrí mucho las primeras semanas, porque yo me sentía demasiado bien con ella, era mi mejor amiga, mi hermana, mi cómplice, mi compañera de planes, mi diversión máxima. Pero después de eso que ocurrió era obvio que todo cambiaría, que ella querría dejar atrás Cartagena".

Tony observa con una mente aguda, ordenada, formateada como la del ingeniero que va creciendo en él, y ve lo que ocurre alrededor de su vida cartagenera, la que compartía con su amiga. Una sociedad de personas que se reconocen en la vida, se alegran, chillan excitadas, se abrazan, se besan y luego se dispersan como si nada, a enfrentar los problemas solas. Una ciudad falta de afecto profundo, con carencia grave de solidaridad, de sentido de la vida, con ciudadanía de baja intensidad, donde nadie participa de lo que les es común, donde se rechaza la política por experiencias que lo justifican, pero también por prejuicios. Una ciudad donde la gente se siente víctima y está en contra de mucho y a favor de muy poco.

En medio de esa Cartagena, Tony se refugia en lo suyo. Le gusta la vida calmada, no es de muchas salidas nocturnas, más bien prefiere la playa, hablar con la gente o perderse en el mundo de la pantalla, en las redes, rastreando información escasa sobre algún tema que de pronto le interesa, pasando de un video a otro en Youtube. Es un adicto a Internet, ese mundo que siente que le amplía el que vive con sus pies en esta ciudad que a veces le asfixia. Y esa sigue siendo su vida, mientras con tristeza comprende que la de su amiga ha cambiado radicalmente: "Su vida ahora es más excitante que nunca, eso ha cambiado 180 grados, y yo sigo aquí, estudiando ingeniería industrial, viviendo con mi mamá y mi hermana autista, trabajando para pagar la universidad. La misma vida, pero ya sin mi amiga. Lo sufro, claro que sí, me tiene triste, porque éramos realmente muy, pero muy unidos.

"Nos divertíamos con las cosas que ocurrían, nos reíamos de los dramas, nos juntábamos y eso era una sola risa. Y cuando ella me hablaba de temas graves, duros, yo le respondía mezclando cosas picantes, entre juego y chanza, jugando al doble sentido, poniéndole humor para que no se tomara el problema como un drama, porque a ella el llanto le brota fácil.

"Ahora pienso que será muy diferente, porque una relación se construye día a día. La distancia afecta mucho. No sé cómo serán las cosas entre ella y yo en el futuro, porque ya con todo esto que ha ocurrido nuestra relación ha cambiado, pero mi lealtad hacia ella sigue siendo la misma. Creo que la decisión que ha tomado es la mejor que podía tomar, ella siempre aspiró a un día poder tener las condiciones para decidir eso. La vida de la prepago no es la mejor, es una vida vacía, con mucha tristeza la mayor parte del tiempo, y lo que ahora quiere hacer es algo que le dará tranquilidad, paz, me imagino".

El *striptease* de Dania al contar su historia en las entrevistas, en un libro, se le asemeja a un despojarse de la máscara, un acto de higiene antes de asumir la desnudez de su verdadero rostro. Una suerte de regresión a la niña interior, o de comunión con el estado más púdico del cuerpo, piensa Tony, mezclando lo que ha leído con algunas confesiones que le hizo su amiga en otros momentos, hablando del recuerdo angustioso de algún incidente, de asomos de compasión o empatía con un cliente, de sucesos de su adolescencia. Él conoce ese dolor difuso, que viene de muy lejos, y sabe de la necesidad de dejar que la mente se oxigene, respire, se abra, saque sus monstruos escondidos, se despeje y sane.

5

Cuando estuvo Clinton, después de aquella aventura en la boca de una muchacha, hubo en Cartagena un especial morbo por conocerlo, estar cerca, verle la cara al protagonista del escándalo de habanos en la Sala Oval de la Casa Blanca. Pero ahora era distinto. Los sentimientos de la sociedad cartagenera de altos ingresos estaban tensos, cruzados. Algo más de tres meses antes había asumido como alcalde, por primera vez en la historia de Cartagena de Indias, un hombre de piel oscura. Y ahora venía a la ciudad Barack Hussein Obama, el primer afroamericano en ocupar en Washington la casa tradicional de los grandes blancos. Lo que más despertaba Obama era curiosidad, algo que crecía con el pasar de las horas, alborotado por un sentimiento de "Ay, estos gringos tan folclóricos, tener un presidente negrito".

La ciudad amurallada era la misma, pero más limpia, despojada de vendedores, artistas callejeros y mendigos, pues significan molestias para los visitantes. La misma íntima unión entre tiendas de marcas elegantes y fondos coloniales, las texturas terrosas de las paredes, los anticuarios, los restaurantes, la piña colada en los bares. Y fuera de las murallas, en Bocagrande, los grandes hoteles, la seguridad desplegada por cuadrantes, el refuerzo evidente al esquema normal, para evitar sobresaltos. Y en toda la ciudad turística, escasa, casi nula presencia de gente de los barrios donde se han asentado las familias desplazadas, que llegan del sur de Bolívar, de los Montes de María. Solo cada tanto, como quien se cuela en una fiesta, uno que otro desplazado de sus tierras y su mundo buscando oportunidades, sincretismo de Basurto con Bocagrande.

Entre todos los protagonistas de la Cumbre, sin lugar a dudas, el más esperado, la estrella máxima, era Obama, un presidente de raíces africanas que gobernaba un país con larga tradición de esclavitud de africanos, y en el que hasta la década de los sesenta se mantuvieron en pie las leyes segregacionistas. Un político que combina una oratoria emotiva y cálida con una personalidad fría, calma. Un político con una biografía potente, reproducida en *Los sueños de mi padre*, un libro en el cual indagaba sobre su identidad, personal y familiar, en éxito editorial y punto de aceleración para su carrera política. Un libro en el que cuenta que su padre abandonó su familia cuando él tenía dos años y que no volvió a verlo más que en un episodio ocho años más tarde. Cuando supo eso por boca de un cliente, Dania Londoño sintió que algo en el pasado de ese hombre se conectaba con su propia experiencia. Y pensó que le gustaría conocerlo, verlo cara a cara.

Pero su aspecto serio, su formalidad, aun cuando se sentía calidez detrás de la fachada, no invitaban a hacerse fantasías imaginando que allí habría, quizás en plan de doble vida, como la de ella, alguien como el primer ministro italiano aquel del *bunga bunga*, que hacía fiestas con chicas en una villa de Cerdeña o alguna otra isla del Mediterráneo. Dania sabía que no era disparatado imaginar que podría coincidir en la vida con Silvio Berlusconi, pero con Obama lo veía muy difícil, extremadamente complicado, quizás imposible.

Lo irónico de hacer historia en esta época es que no sabes que la estás haciendo, pensó Dania días más tarde, en un arranque de humor en medio del agite cuando le reclamó su pago al agente secreto.

La gente ve la etiqueta y se queda con eso, difícilmente aprecia el detalle, el abanico de detalles que guarda cada cosa. Y ahí pierde la posibilidad de acercarse a un nivel más profundo de experiencia. El presidente Obama se negó, o no quiso responder al requerimiento de entrevista para este libro, se le ocurre a Dania que podría advertir la portada de este libro como un recurso publicitario, y ríe de su ocurrencia. Luego piensa que quizás sería bueno advertir que el Presidente, en realidad, nunca se enteró de esta intención de contar con su lectura de los hechos, y por eso nos quedamos privados de conocer su pensamiento.

Cuentan una anécdota ocurrida en la Place Pigalle de París, frecuentada por Toulouse-Lautrec, según la cual una dama de la alta sociedad le espetó indignada al pintor que la imagen de una prostituta desnudándose delante de un cliente le parecía amoral y sucia, y el agudo pintor de la joroba respondió: "La suciedad, mi querida señora, está en su cerebro: la mujer no se está desnudando, sino vistiéndose. Y el hombre que la mira no es un cliente sino su marido". Como bien se sabe, el principio de la verdad nunca está en las cosas sino en las conexiones fortuitas en que participan las cosas.

Una mujer prepago, como era Dania, es una mujer que se mantiene alerta, al filo. Una trabajadora dura, gimnasio para mantener la forma, comida mesurada, ejercicios de teatro, comer ante un espejo, beber, sonreír de varias formas, mostrándose de sutil a intensa . Enojarse ante el espejo, acariciarse, entregarse a un espejo, disolverse en el espejo, ser el espejo. Perder la distancia. Y repasar la mayor cantidad posible de expresiones del rostro, esas que el egipcio Hermes Trismegisto llegó a clasificar en más de sesenta.

Hay mujeres que vienen haciéndolo por "regalitos" desde hace miles de años. Se cambia un detalle, se agrega algo, se *aggiorna*, se actualiza y juega la vieja historia como nueva. Muchachas que ven en esto la posibilidad de salir de la pobreza de una vida gris, mediocre, que sienten la impotencia, y dicen: "No voy a vivir mi vida así". Y de ahí a salir a "jinetear", como se refieren a eso las cubanas, no hay más distancia que un cliente, el primero que inspire un poco de confianza. Simple consecuencia de un sistema que nunca se detiene en el juego de dar ganas, de esto, de aquello, de esta marca, de esto nuevo.

Luego está ese tránsito por el mundo del cliente, tan lejano, y tan cerca en el instante de la cita, del encuentro contratado. Una cama en palo de rosa cultivado en India, trabajado en China, una silla de cinco mil dólares donde la mujer se posa preguntándose si aumentará el valor de su culo a partir de ese momento. En la pared un trozo de papel de arroz, escrito a mano, bella caligrafía. Hablando quizás de un mango. Ocho días sin comerlo. El olor que crece. Las ganas.

¿La mujer no es acaso una forma primaria de dinero?, se preguntó Engels, le comenta el hombre de esa casa a esa muchacha, y ella no entiende. Pero siente que no le gusta, que la hiere la sonrisa con que ese hombre habla. Después le hace una oferta que implica buena plata, y por eso no puede rechazarla. La plata es el mejor argumento para convencer a una mujer necesitada.

El último regalo a un hombre que está muriendo es que le ayuden a sacarle sus malos pensamientos, pensó ese hombre y le encargó a la muchacha darle el último goce a un amigo moribundo, explicándole que el excremento y el semen sacan afuera del cuerpo las toxinas, y es mejor morir limpio. Por eso le hacía el encargo. Un tremendo asco de hombre.

Esa tarea le pesa a la chica. Fue la primera vez que de verdad sintió que estaba haciendo algo malo. Por eso mientras lo hacía rezaba: *Padre Nuestro que estás en el cielo, santificado sea*

*tu Nombre; venga a nosotros tu Reino; hágase tu Voluntad en la
tierra como en el cielo, danos hoy nuestro pan de cada día…*

La política no es problema de principios, sino de tacto, le
explicó un cliente francés con vocación didáctica. Y después le
dijo que a él le gustaba conocer putas, porque a través de ellas
entraba en contacto con estratos de la sociedad que, de lo
contrario, solo podría conocer en la superficie, sin penetrarlos.
Y se reía con el chiste, como de calambur mexicano, y, regre-
sando al tono profesoral, le explicaba que la gente quiere del
político contratos, negocios, empleos, no lecciones pedagógi-
cas abstractas ni discursos convencionales.

Dania siempre ha pensado que el tiempo está en el corazón y que en la mente es donde está la conciencia. Y la conciencia es como una mancha, que enturbia lo que se hace. Es
decir, como una basura en las muelas, que no puedes quitarte
y sigue ahí todo el tiempo molestando, impidiendo que hagas
lo tuyo fresca como lo haces cuando no hay eso molestando.

Así como con cierta mirada las drogas duras son vistas
como aditivos para el desarrollo de la conciencia o el simple
esparcimiento, las prepagos en general son vistas por sus clientes como una mercancía cultural, una oferta para el ocio, sexo
con algo de arte en la cama, una compañera para hablar, alguien
que conoce algo de marcas, de vinos, de lo que está de moda,
del *hit parade*, que no puede opinar sobre la crisis del euro y
con la que no se puede dialogar sobre el culto abstracto a la
empresa, por parte del ejecutivo o el último libro de un autor
conocido.

En su mejor versión, una prepago sabe educar al hombre
para que se venga o no se venga rápido, que no se le derrame,
que la atienda en esta posición, en esta otra, de pie sin apoyar-
se, desde abajo, en formas raras, después en las rápidas, ponién-
dose ella en cuatro, como perrita, o él arriba y ella con las
piernas bien altas, acariciándole con los pies la cabeza. ¿Y por
qué van a decir que esto no debe cobrarse?, se pregunta Dania

cuando escucha críticas, juicios. Eso implica mucho desgaste, y una no está para estar en esas gratis, o asumiéndolo como una tarea de monja, de esas que hacen caridad por alguna causa.

En Colombia la prostitución no es ilegal, pero tampoco está regulada, informó AFP cuando se disparó el escándalo. El proxeneta está penado en el país y se le relaciona con violencia contra la mujer, aclaró después. Y algún mojigato se exaltó en un blog protestando por la violencia que representaban las trabajadoras sexuales ofreciéndose en las calles.

Violencia la de los maridos que castigan porque están borrachos, piensa Dania. Violencia la de las señoras que no se lo dan al hombre por rabia. O no se lo dan rico porque no saben. Debería montar una escuelita para enseñarles a hacerlo con gracia, se queda pensando, con la mente puesta en su fundación para las prostitutas de la calle, "basureadas" por la gente, maltratadas por sus clientes, obligadas a hacerlo sin cuidarse.

La experiencia de la prostituta callejera es mecánica: a lo que vinimos, te doy y vámonos. Pero además a los hombres de por aquí les gusta jugar con las posibilidades de cagarla, piensa Dania repasando su patria. Hombres que prefieren no usar casco en la motocicleta, ni cinturón de seguridad en el carro, ni preservativo cuando están con ellas.

Y hay demasiadas mujeres que no se plantan o, por necesidad, no pueden plantarse cuando el hombre comienza con aquello de ¿dónde fue que dejé los condones? Porque ellos siempre tratan de no protegerse, que no se siente nada, que les aprieta, que venga, mamita, y lo hacemos bien rico, que no se preocupe, yo me vengo afuera. Y si cumplen y lo hacen, limpiarse entonces esa cosa blanca, casi pegajosa, que huele a cloro, a lejía, esa que al soltarla, evoca Dania, el hombre se siente *yo Tarzán, tú Jane*.

Para Engels, la prostitución y el adulterio eran parte del matrimonio burgués, y no una amenaza, como posó la moral católica mientras les abría la puerta de atrás a las pasiones, como una válvula de escape a los gases que producía la preservación del patrimonio, al servicio del cual estaba la institución matrimonial. Por esa puerta trasera han desfilado miles de muchachas con su simpleza de pueblo, que a veces llega a ser un poder en ellas, un poder que a algunas las preserva de quienes las empujan a "sople, mamita, métase este bazuco en el cerebro", y sienten ese acelere. La mujer, una rosa en estado puro. Igual de frágil que la rosa, preguntándose: ¿Quién te va a extrañar cuando no estés?, ¿tu hijo, tu perro?, ¿quién más?, y la depresión vuelve a visitarla.

Cuando no puedes identificarte con nada más que esa cosita que estás viviendo, ese presente que eres, lo áspero del afuera hace más daño. Y el mundo exterior es la corteza de tu mundo interior, ha aprendido Dania, igual que esas mujeres de la calle.

"En mi conocimiento de la oscuridad colombiana, las 'mal polvo' son las costeñas. Un hueco. Palmeras comportándose como vacas. Haga una encuesta y verá si la mayoría de los que saben no piensan lo mismo", dice un paisa, cliente frecuente de prostitutas callejeras. Pero Dania es otra cosa, opinan cuando se les consulta a un par de los que han pasado por su cama. "Canela en rama", define otro, más sofisticado.

Entre los locos por vivir, los que jamás bostezan, los bohemios que saben encontrar la flor interna, en su adolescencia sanandresana Dania se sentía parte de la tribu. El rubí del vino en la mano, una sonrisa brillando en el intenso negro de sus ojos, recuerda ella mientras acaricia a su perro, angelical casi.

Puede ser infantil, niña, y al instante siguiente áspera, fría, y al siguiente dulce, cálida. Llorosa, visceral, antigua. Pero en este instante es un suspiro, casi una nada. Acariciando a su perro con la misma actitud con que una hora antes lo paseaba por el patio interior del edificio, observándole orinar, esperando que haga. Con la parte superior del piyama arriba, y abajo un *jean* apretando sus nalgas de ángel de barrio.

Días atrás conoció a una prostituta que trabajó en uno de esos pueblos de la costa donde los hombres van al prostíbulo, y hay una sola puta, y hacen cola. Los que están en la cola miran, se ríen nerviosos, se burlan del que ya pasó, el que se vació en la muchacha. Esperan cruzados de brazos, o con las manos en los bolsillos, palpándose la plata. La plata o el pipí, que en realidad yo creo es el que siente por ellos, reflexiona Dania escuchando lo que cuenta la mujer. Porque la mayoría tienen el cerebro virgen, o apenas estrenado, opina y ríen juntas, mientras ella le pone su firma al cuadernito de recuerdos, cumpliéndole el pedido a la muchacha que la reconoció en la calle y quiso saber más de la idea de fundación que tiene Dania para ayudarlas.

La prepago que cobra por sus servicios sexuales atiende a veces al ego del cliente más que a su cuerpo, opina Dania. O quizás lo que hace son terapias, curas para los excesos de trabajo, la presión que le disparó la úlcera, la triste vida familiar, la mezquindad de afecto. Por eso en Japón, donde los ejecutivos mueren por exceso de estrés y esas cosas, las ofertas sexuales son tan variadas, sofisticadas, exquisitas, le contaron amigas que trabajaron allá.

En Japón ofrecen experiencias que van de los servicios "sado" de *dominatrix* que se presta para lamida de pies o botas, hasta el *ashi-zuri*, en el que la muchacha toma el pene entre sus zapatos y lo masturba, pasando por el *kanchó sábisu*, un servicio de enema de agua tibia y glicerina cuyo resultado es una defecación supervisada por la dama, quien autoriza cuándo el cliente puede hacerlo y cuándo no. Y así hasta llegar al pequeño daño con látigo.

Hay casas de placer en Tokio y Yokohama que ofrecen un abanico de opciones que va de la masturbación entre los senos al masaje de próstata con aceite, o el *haburashi sábisu*, que consiste en pasarle el pene a la muchacha por los dientes, las encías, la lengua, como si le estuvieras cepillando con él, mientras ella trata de chuparlo.

Y en un distrito de Tokio hay tráfico de ropa interior usada de mujer, pequeñas tiendas donde un *panty* con tres días de uso por una escolar o una anciana cuesta muchos yenes, particularmente si viene acompañado de una fotografía de quien lo usó. Y en otros distritos hay locales donde mujeres de cincuenta o más años, vestidas de colegialas, ese disfraz que es el corazón del erotismo local, dicen todo el tiempo *¡Ya!*, *¡Oh, no!*, cuando los clientes las tocan. Y otros en los que se ofrece *reitófera*, felación helada: las muchachas lo hacen sorbiendo cada tanto agua con hielo, para mantener la temperatura de la boca muy baja, casi congelada. En otros hay una variación muy solicitada que consiste en representar que la persona que chupa es obligada a hacerlo.

Entre otras ofertas hay una, *hanabira kaiten*, que quiere decir rotación de pétalos, y se refiere a un grupo de chicas, los pétalos, que se van rotando en el servicio, dos pétalos, tres, cuatro, según la cantidad de involucradas. Y para quien no pueda o quiera pagar los precios de estos locales, en las periferias industriales hay sitios que ofrecen entre sus juegos el *sembókyó*, el periscopio: consiste en que, estando en el agua, la mujer toma en sus labios el falo que emerge.

Y hay clubes privados en los que se ofrecen juegos con historias, como el del pervertido en el transporte público, en el cual el cliente acosa a la chica contra uno de esos tubos para agarrarse que hay en el *subway* o bus, le baja los *panties*, le mete la mano ahí y esas cosas. O puede escogerse el juego del pervertido en una escenografía de árboles que evoca un parque donde la chica se ha perdido, y el cliente le cae a violarla. U otros en que se reproducen espacios semejantes al salón de clases de un colegio, atendiendo ese mercado de fanáticos de las colegialas al que también atiende la industria editorial del *manga* que cuenta historias de adolescentes violadas o sodomizadas por monstruos provistos de infinitos penes.

6

La mucama de Dania milita en El Pueblo de Dios, aquel que lleva la misión de caminar en la Luz del Señor, siguiendo el Evangelio del Reino centrado en Jesucristo. Sus principios deben permear cada instante de la vida, explica el Pastor, y pide orar. "La oración nos aclara, el pensamiento se ordena y el corazón se irriga", dice el hombre en la iglesia y ella siente que tiene un camino iluminado por donde caminar los días. Ella ve, en todas partes, lo que dice el pastor, que hay idolatría en la sociedad, que se multiplican los altares a todo, pero falta la palabra de Dios. La predicamos pero no creemos en ella, nos ha faltado la idea de pacto con Dios, y por eso el facilismo y el fatalismo nos cubren como una mortaja, nos confunden, explica el pastor, e invoca: "Úngenos, Señor, con el poder de tu sabiduría, no permitas, Señor que tomemos decisiones por emoción, Padre Precioso, mi Rey Amado".

A ella se le graban muy hondo algunas de las palabras que escucha y siente que esas palabras le ayudan a comprender el mundo que habita. "En los negocios hoy gobierna la avaricia. La televisión, las artes están llenas de lujuria", y por eso es necesario que oremos en el nombre de Nuestro Señor Jesucristo: "Señor, acudimos a ti por dirección, a que nos guíes en el camino de tu sabiduría, que nuestras ideas se unan con las tuyas y marchen alineadas". Es necesario orar, orar como si estuviéramos arando para que la tierra sea buena para la semilla. Nunca debemos olvidar que "los pueblos que avanzaron más son los que pusieron a Cristo en el centro de sus vidas, en sus mentes, sus acciones, sus familias".

Nos ha faltado la responsabilidad de la paternidad en Colombia, explica el pastor. La idea de los hombres se reduce a procrear hijos, no se asume la responsabilidad de guiar, de amar, de dar identidad. Y en esa ausencia ha predominado una cultura que busca hacer mujeres fuertes y hombres débiles, que no son varones, que fallan. "Dios nos dirige a través de la conciencia", dice el pastor y pide "trabajar en el relevo humano, los niños".

La mucama de Dania regresa del templo a casa reflexionando en la Palabra que la ha nutrido, y piensa en el niño, el hijo de la señora Dania, y ve reflejado allí lo que explica su guía: "El hijo sale de los lomos del hombre y entra en el vientre", dice el pastor, y ella mira al niño y lo ve tan inteligente, tan responsable en sus estudios, pero tan, tan solito sin papá, como casi todos en este país sin hombres responsables de lo que pusieron en los vientres de las mujeres, ella se dice. Y entonces siente la necesidad de orar por el pequeño, y también por la señora. Siente la necesidad de triunfar sobre la ausencia esa que carga el niño, sobre la tristeza que tantas veces ve en el rostro de su patrona. Y recuerda la claridad del pastor, indicándole la necesidad de ocupar el vacío de la palabra de Cristo: "El objetivo de la Victoria es la Conquista. Conquistar para ocupar, porque los vacíos los llena alguien, si no es un hombre de Dios lo ocupa un hombre sin Dios".

Un día el pastor habló de Jerónimo, que expuso en aquellos primeros días cristianos los peligros del sentido del tacto, refiriéndose a que "aquel que toca el fuego se quema enseguida", pero antes advirtió a uno que iba a convertirse en asceta que evitara ver mujer que no sea su madre, porque "los rostros de ellas pueden albergarse en sus pensamientos y de ese modo una herida secreta puede supurar en su pecho". Y Ambrosio, otro de aquellos pastores, advirtió sobre la tentación de los sentidos cuando explicó el pasaje bíblico en el que Dios, para fortificar nuestra resistencia, exhala su aliento en el rostro del hombre, donde "está el asiento y la morada y la tentación para la lujuria, en los ojos, los oídos, la nariz, la boca".

Para Ambrosio el olfato definía lo carnal: el cuerpo, ya fuera espiritual o carnal, reflejaba su estado por el olor que tuviera. Las vírgenes, al preferir la vida del espíritu a la de la carne, entre los beneficios concretos de esta elección podían contar con el olor a espiritualidad, que era herbal. Por eso el santo aconsejaba: "Acérquense las manos a la nariz y exploren, con infatigable y siempre observadora alacridad mental, el perfume de sus acciones". Y el pastor Tertuliano decía que los ojos eran la vía directa a la lujuria, explicando que cuando un hombre disfrutaba viendo a una mujer, y cuando la mujer disfrutaba de ser mirada, los dos estaban participando en el mismo acto lujurioso, ya que ambos compartían por igual la experiencia carnal visual. Por eso en sus escritos acerca de poner velo a las vírgenes afirmaba que para que una mujer se conservara en verdad virgen necesitaba permanecer velada, de modo que no incitara a nadie a desearla a causa de una mirada.

Repasando aquellas palabras de esos pastores primeros, la mucama de Dania pensó que seguramente el agente secreto que se había enredado con esa prostituta de la que aún no decían el nombre no era un creyente. Y es probable que estuviera en lo cierto. Porque es muy difícil conciliar el trabajo de agente secreto con el de un buen creyente. Y hasta podría decirse que es imposible para un miembro del Servicio Secreto creer en algo, porque la creencia cierra, encajona, hace perder objetividad.

El calor en Cartagena es agobiante, las mujeres llevan poca ropa, muestran mucha piel, caminan ondulantes, miran de una manera que marca. Y el hombre, un poco harto de la realidad para la que le toca trabajar, piensa que sería bueno desconectarse un poco, se decide y propone a sus compañeros de misión salir de fiesta, a un bar que un taxista le ha recomendado.

Cuando entra a Tu Candela con su deseo de sexo a sangre fría, la época cambia. Parece Cuba, antes de que los comunistas se la tomaran. Siente que respira menos aire en el espacio, una sensación que no deja de ser grata, aunque en un principio reacciona tenso, esa reacción de quien ha aprendido a sentir peligro en el aire. Pero sabe que la realidad, eminentemente compleja, no puede ser reducida a unos parámetros tan esquemáticos como los que su profesión practica.

Están en misión, en un país cuya historia reciente indica que es mejor transitarlo con cuidado, pero parecería que todo es calma. Y aunque la Ley Patriota no ha sido derogada, y pese a que dieron de baja a Bin Laden, la guerra al terrorismo sigue en marcha, el hombre piensa que aquí, lejos de las costas "americanas", pueden permitirse algunos tragos y un revolcón con una belleza nativa. Porque estas mujeres son mucha candela, como el nombre de este bar, comenta un compañero de misión observando a una que ingresa a Tu Candela y él se dice, como quien da una orden, acercamiento, congela, agranda, ¡qué mujer tan buena!

Una mujer que te dé una noche inolvidable y adiós, especula el agente. Pagando, o quizás no, si soy capaz de despertarle algo. De todos modos los compañeros están ahí, siempre un paso atrás, atentos a la jugada, cuidando, y limpiarán cualquier desastre si algo sale mal.

La mejor forma de limpiar un error es desinformando, y el agente podría enumerar técnicas varias, insertar información falsa en la red, cuestionar motivos del denunciante, tergiversar

los hechos, sembrar evidencia falsa, comentarios contradictorios en los sitios de noticias o rumores en las redes sociales,
para que se *viralicen* de manera orgánica.

Si algo no se reporta, no sucedió, es lo más deseable. Pero
si hay un tema inconveniente lo mejor es marcarlo como mero
rumor o especulación, *teoría conspirativa*. Etiquetar a quien
siembra la información inconveniente como *terrorista, funda-
mentalista, radical, liberal, homofóbico*. Y si la cuestión es más
complicada, desaparecer la evidencia, los testigos.

El agente mira a sus compañeros, han trabajado juntos en
muchas misiones, sabe que está en buena compañía, que puede confiar. Entonces se relaja, pide un vodka, sigue la música
golpeando el piso con su pie derecho y observa a las muchachas
que conversan en otra mesa.

A Dania no le interesa la política ni sigue las noticias en
detalle, aun cuando sean importantes. Solo mira por encima,
se entera de lo básico necesario para sostener conversaciones,
y a veces piensa al vuelo una u otra cosa. Lo que sí es que
muchas veces le dan risa las declaraciones oficiales o las respuestas de un político cuando es entrevistado. Porque todo
en ellas hace sospechar que fueron chistes dichos para ser
celebrados. Y ese es el lado que le parece más sano de todo
el tema de la política, del gobierno, de lo que llaman "importante".

La risa es buena para la salud, sabe ella, y opina que en
esa medida es absolutamente necesaria para sentirse bien. Entonces recuerda a aquel personaje de la película *El nombre de
la rosa* afirmando que la risa es "un viento diabólico", y luego
un anciano que dice "Cristo nunca rio". ¿Quién sabe eso, quién
puede afirmar que Cristo no soltó jamás una carcajada, que era
un amargado?, duda Dania.

Dania no tiene ninguna duda sobre el hecho de que la risa
ayuda a desinhibirse y relaja la tensión, y su amigo Tony le
contó que además libera endorfinas, que son las hormonas

responsables de la sensación de bienestar. Y oxitocina, que es la responsable del placer sexual. Por eso le gusta tanto fumar marihuana, que facilita la risa.

7

Soy una mujer normal, siempre lo he sido. Tengo peluches, ositos, animalitos. Me gustan las flores, en especial las rosas rojas. Y para tener en casa, las exóticas, aves del paraíso, girasoles. Y me gustan todos los animales, como a todas las mujeres. Pero no me gusta el gato, porque bota mucho pelo y tiene una mirada penetrante. Le tengo pavor a que me miren así, con esa mirada de juzgarte. ¿Qué se creen los gatos? Siempre te miran de esa forma, como manteniéndote lejos, como si fueras inferior a ellos.

Tengo una mascota, que es Valentino, mi perro, que, aparte de mi hijo, es lo que más quiero en esta vida. Es un pug, de esos de los *Hombres de negro*. Me encantan los perros, tal vez porque nunca te sientes en peligro con ellos. Y porque te miran con los ojos del amor, con cariño siempre, aunque te hayas olvidado de darles comida, de ponerles agua, de quererlos. Tú sientes que te comprenden, que están de acuerdo contigo, con lo que sea que estés haciendo.

Yo he sido una muchacha normal, he tirado con noviecitos en el asiento de atrás de un carro, lo he hecho borracha en un cine, en el baño de algún restaurante. Me gusta jugar a las maquinitas en los casinos, enojarme porque nunca salen al tiempo los tres sietes, las tres frutitas, tomarme las cosas así. Y saltar de alegría cuando caen las monedas, obvio. Pero he perdido mucha plata en casinos, en esas maquinitas, y por eso no voy mucho por allí. Porque sé lo que me conviene.

Creo en el infierno, y le tengo miedo. Siento que tengo muchos pecados para pagar… Cuando busco a Dios yo digo: Ay, Dios mío, perdóname por todas las cosas malas que he hecho. Yo sé que él es bueno conmigo, que me protege aun cuando no hago lo que debo. Una le pide a Dios si llega a pasar algo, y lo que se imagina es que va para el infierno.

Al infierno me lo imagino lleno de candela, con mucha gente agonizando, como pidiendo perdón, que la saquen de ahí. No hay lugar donde hacerse para no quemarse. A veces me gustaría que una persona estuviera en el infierno, al menos unos días. Cuando dicen o hacen algo que me hiere, ahí me dan ganas de eso. Por ejemplo, en Cartagena, el Alcalde, cuando dijo que yo tenía un marido español, que yo era prostituta, que es una palabra muy fuerte, más siendo él un alcalde.

Él no tenía por qué referirse así, podía utilizar otros términos para hablar, y fue muy bajo, como decir que yo tenía marido, que le había hecho eso a mi marido, que ahora voy a volver a hacerle eso a mi marido, que era una prostituta reconocida en Cartagena, cosas que no eran así. Y decir que yo no debía hablar tanto, porque iba a perjudicar a la ciudad. ¿Qué le pasa a ese señor en su cabeza?

Ese Alcalde dice que yo le di mala imagen a Cartagena, pero todos saben que uno de los mayores atractivos por los que hay turismo a Cartagena es el sexo. Las playas de la ciudad no son nada lindas, están sucias, el agua es horrible, llena de basuras, te pica la piel cuando nadas. La ciudad amurallada es muy bonita, las iglesias, los balcones, pero a lo que vienen los turistas es a conocer niñas, a sentir sus cuerpos, y una no hace nada distinto a trabajar con eso. Compro sexo, vendo sexo, nos ponemos de acuerdo, *tiqui tiqui*, lo hacemos. Ya. Ningún misterio. Y si lo miras así, lo que hice yo al salir en la televisión, en la prensa, fue aumentar la atracción de Cartagena.

Estaba yo en la Cumbre de Presidentes porque en Cartagena es en donde vivo. O en donde vivía. Y lo único distinto a lo normal fue que había mucha más gente. Nada diferente. Solo que cuando ocurre eso aumenta la demanda, y entonces aumentan los precios. Vienen los congresos, las reuniones empresariales, que va mucha gente de toda parte del mundo, y ahí nosotras, que somos un grupito de cuatro niñas amigas, nos juntamos, decimos bueno, llegó la temporada, están llamando mucho más, vamos a pedir más y así tenemos más dinero. Si cobramos normalmente un millón, ahí le metemos doscientos o trescientos mil más, y como las prepagos somos pocas en Cartagena, porque lo que más hay es la prostitución de la calle y de los bares, entonces nosotras aumentamos nuestros precios.

Cuando ocurrió lo que ocurrió, yo estaba en Tu Candela, una discoteca normal de Cartagena, que nosotras frecuentábamos mucho, un lugar que se abre de lunes a lunes. No nos habían llamado ese día, y cuando ocurre eso, que no te han llamado, y necesitamos dinero, o cuando queremos salir a divertirnos, muchas veces vamos a ese sitio, a ver qué. Oportunidades allí se presentan, de la semana, si vas todos los días, por hacer una estadística, mínimo dos.

Tu Candela es una discoteca normal y nosotras allí somos como cualquier persona que está ahí, divirtiéndose, no nos vamos a acercar a un hombre diciendo somos prepago y tal cosa. No, nosotras tenemos que esperar a que el hombre se acerque y nos haga entender que quiere tener sexo. Pero si no lo hace, nosotras tampoco le vamos a proponer algo, cuidamos nuestra imagen.

El hombre aquel me cae porque le gusté, y yo le respondo porque me gustó. Nos gustamos, digamos. Ese es un principio que casi siempre está en juego en nuestro nivel prepago. Una no es que se vaya con cualquiera. Ahora no me voy con nadie, solo con quien me gusta como hombre, como novio, porque ya estoy fuera de eso, pero cuando estaba en el trabajo de prepago así era como era.

Esa noche, cuando nosotras estamos ahí, las cuatro, una, nuestra *madame*, la mánager, y las otras tres que íbamos al encuentro, yo estaba en discusión con mis amigas. No recuerdo bien por qué, pero estoy casi segura que era porque ellas decían que esa noche querían divertirse, no hacerlo por dinero. Y yo decía que no, que necesitaba el dinero para mi hijo, para mi casa, y no iba a irme con un hombre solo porque me diera besos.

Entonces la *madame* dice: Ay, no, me voy para otra mesa, estoy aburrida con ustedes, todo el tiempo peleando, que no sé qué, que esto y aquello. Y se sentó en otra mesa. Y como ella es simpática, muy bonita, se le acercó un hombre muy guapo. Y le dice: Hola, cómo estás, y ella tenía una boina, y él se la quita, jugando, se la pone, y ella le dice no hagas eso, devuélvemela. Pero todo muy coqueta, ¿no? Entonces él se la devuelve y le pregunta: Cómo te llamas. Él hablaba un español que se le entendía, era el que hablaba el mejor español de todos ellos. Y le dice: ¿Por qué estás tan sola?, y ella: No, yo estoy con mis amigas, sino que estoy discutiendo con ellas, y ellas están por allá. Él le dice: Ah, entonces ¿le puedo decir a mis amigos que vengan y se sienten con tus amigas que están solas? Y ella me pregunta a mí: Dania, ¿será que ellos se pueden sentar con ustedes? Y yo: Obvio que sí, porque, claro, en mi cabeza tenía el signo pesos desde un principio. Y mis amigas también estuvieron de acuerdo, porque ellos eran jóvenes y estaban chéveres.

Se acercaron, nos gustaron, yo le eché el ojo a uno desde un principio, y mi amiga, la que estaba a mi lado, me dice: Ay, ese es chévere, justo el que a mí me había gustado. Yo le dije:

Ajá, pero a mí también me gusta, vamos a ver cuál de las dos se va a quedar con el hombre, un poco mamando gallo.

El tipo se acerca y comienza a hablar con ella, pero después salgo a bailar y él me mira, se levanta de la mesa, se pone a bailar conmigo. Entonces yo le dije a ella por señas: Mira, gané, es mío. Y bailando él se alza el suéter, algo así como un suéter, y tenía abdominales marcados, bailaba sexy. Me gustó, ¿para qué decir que no si sí?

Para seducir a mí me gusta moverme el cabello con las manos, dejarlo que se me escurra entre los dedos, levantármelo, desnudarme el cuello. No me gusta vestir muy sexy, aunque a veces visto sexy, y cuando visto así me paso. Me miro en el espejo y me admiro cuando me visto de esa forma. Pero lo normal es ser normal, mi natural, que seduce mucho. Claro que ya en la situación me pongo perra. Cuando llego a un punto me ubico, digo voy a hacer esto, y a partir de ahí actúo como una perra. Porque sé que lo que más funciona es eso.

Es transparente cuando un hombre se empieza a derretir por mí. Los hombres son evidentes, se ponen muy nerviosos, quieren ya hacer eso, se ponen como demasiado morbosos, te piden vamos a hacerlo, como niñitos ansiosos. Lo que más me gusta ahí es sentir cuando al hombre el pipí se le empieza a poner duro. Me hace sentir mujer, me digo cómo le gusto, le inspiro morbo, lo hago excitar rápido. Yo disfruto con eso, me da risa por dentro, me digo qué mala soy, cómo lo estoy calentando, cómo se pone arrecho.

Él cree que yo también estoy arrecha porque me toco y me sobo, pero nada, yo estoy como si nada en el mundo. Solo es lo que hago para que él sienta eso. Para mí es lo más normal que el tipo se arreche por mí, que se le pare conmigo, que me la quiera meter. Pero si no se le para me siento frustrada, me pone mal, digo: ¿Será por mí o será que tiene problemas él?, me hago mil preguntas en el momento. Entonces le hablo muy directo, yo soy así. Le digo: ¿Es por mí? No, no es por ti, soy yo el del problema. ¿Y por qué? No, no sé, cualquier cosa me dicen, ayúdame.

Los hombres son muy extraños, la importancia que le dan a las cosas, cómo sienten que son dueños de una mujer apenas la han tocado. Por ejemplo, la última fiesta de mi cumpleaños. Yo cumplo años el mismo día que mi hijo, el 21 de diciembre. Cada año durante el día le celebro el cumpleaños a él y en la noche celebro el mío. Y el año pasado le festejamos el cumpleaños en la casa de sus abuelos, con todos sus amigos, montamos una *chiquiteca* que llaman, que es como una *miniteca*, luces, humo. Le compramos dulces, perros calientes, sándwiches, helados, y él invitó a unos cuarenta niños. Lo pasó feliz, y yo lo miraba gozando, y también me sentí feliz de poderle dar la fiesta.

Terminó el cumpleaños de mi niño y me fui para mi casa un poco bajada de nota, porque no tenía con quien festejar mi cumpleaños, mis amigas estaban de viaje, otras trabajando, y yo estaba sin plata, porque me había gastado todo en el cumpleaños de mi hijo. En esos días yo estaba enamorada de un hombre, pero él era casado, entonces no podía festejar mi cumpleaños con él porque su mujer cumple el 20 de diciembre y se le hacía complicado irse de fiesta al día siguiente.

En eso llega Tony con una tortica pequeñitica, de esas que te las comes de un bocadito, y me dice: Ay, amiga, te voy a festejar el cumpleaños por lo alto, que no sé qué, y me trajo una blusa de regalo. ¿Qué me vas a festejar?, le digo y él se ríe. Yo le había contado una fantasía sexual, que no es muy mala, más bien es algo tierna, que me quería comer un hombre que me gustaba demasiado. Comérmelo, darme yo ese regalo, estar con el hombre sin que me pagara. Y le había contado a Tony de ese hombre que tenía en la mira.

Entonces Tony me dice: ¿Tienes un *baby doll* divino, blanco? Sí. Colócatelo y te sueltas el cabello, te pintas los labios de rojo, te pones bien bandida. Y me dice: Mira, yo ya hablé con ese hombre que a ti te encanta, y te aparté una habitación con velas en un apartahotel, con pétalos de rosa en forma de corazón, con música, y te vas para allá a comerte a ese que te encanta y no te lo has comido, que yo ya le dije que vas a festejar tu cumpleaños, y ya, que no espere que luego pase nunca nada más. Pero primero ellos van a venir para tu casa y vamos a festejar el cumpleaños acá.

Yo tenía unas cajas de alcohol, de Old Parr, de vodka, porque uno de mis clientes me había mandado eso de Panamá, que se las tuviera para cuando él llegara a Colombia y se las diera. Y nos tomamos esas cajas, que fue un lío porque después no tenía la plata para pagar ese trago. Pero esa noche eso fue un desorden de aquellos. Yo a mi casa la he irrespetado dos veces solamente, esa fue la segunda.

Y llegó el hombre que me gustaba, y otro hombre que gustaba de mí, y una amiga de Tony, que es lesbiana, pero ella no tenía mucha confianza conmigo. Entonces estamos en la casa, ponemos música, tomamos, y con los tragos comienzo a quitarme la ropa, y les bailaba, porque estaba como apagado aquello, y la pelada aterrada, o pensando que iba a poder caerme, yo no sé. Entonces digo que vamos a terminar la rumba en el apartahotel, yo toda regia. Y todos: Ah, bueno, vámonos para allá. Y nos fuimos en el carro de uno de ellos, como un "batimóvil", esos carros viejos, horrorosos, pero por dentro de lo mejor, con una máquina potente.

Cuando llegamos al apartamento me pongo a bailar, y bailando me desnudo, comienzo a tocarme, y le digo al hombre que me gustaba: Ay, quítate la ropa, pero él dudando, como pensando: Esta vieja es loca. Hasta que se convence, y comienza a quitarse la ropa y a besarme, a tocarme delante de todo el mundo. Y Tony afanado, ya con el trago en la cabeza, y el otro hombre le dice a la pelada, quítate la ropa tú también. Ay no, me da pena, no sé qué. Y yo: Ay, ¿no vamos a fumar marihuana todos?, y pongo a fumar a todo el mundo, menos Tony, que no fuma.

Y ahí me encierro con el que me gustaba, y le hice y le *requetehice*, mejor dicho. Y cuando salimos le toco la puerta al otro, que estaba encerrado con la lesbiana: ¿No se quieren pasar para el cuarto nuestro? Ah, bueno, y ella supongo que se imaginó: Ah, voy a estar con la Dania, pero nada, yo no estuve con ella. Sí me tocaba, pero nada más, no hicimos el intercambio de parejas, porque el hombrecito estaba celoso. Y me quedé con las ganas de comerme al otro por los celos de este. Solo una vez y ya se sentía dueño. Así son.

8

Un hombre inteligente no se caracteriza porque no comete errores sino porque está dispuesto a rectificar los cometidos, sabe el hombre que ha venido a Cartagena a organizar la seguridad del Presidente de Estados Unidos. Pero el saber no siempre evita cometer errores, ni ayuda a reaccionar con eficiencia para corregirlos.

En un mundo de centros comerciales, enormes estadios, modelos de piernas bronceadas y estómagos planos, Internet y miles de canales de televisión por cable, agua embotellada y dieta baja en grasas, donde el principio de autoridad real ha ido derivando hacia la tarea de impedir que "se propague la violencia", esa que se descarga en metáforas de *rafting* y otros deportes extremos, las cámaras de vigilancia y los satélites de control han ido desplazando a los agentes secretos de la acción. Salvo en operaciones muy especiales. Como dar seguridad al presidente en una tierra extraña, en esos territorios fronterizos entre el bien y el mal.

En otro lugar de la misma ciudad Dania se humedece los dedos, los aplica a la brasa de la "chicharra" y una vez apagada la guarda. Luego se entrega a un masaje en la espalda, los pies y las manos, de esos masajes que se hacen con aceites extraños en un ambiente de olores embriagantes, mientras alrededor suena música de polvo, Serge Gainsbourg y Jane Birkin, *Je t´aime, moi non plus*, quejidos un poco antiguos, un poco *hippies*, que siguen siendo agradables de escuchar, pero que suenan a contravía cuando se cruzan con señoras que mientras son masajeadas comentan: "Me gusta la base de maquillaje fluida, con colorete y algo de tono en los labios, pero nada de marrón, que me sienta extraño" o "Me maquillo los labios en juego con los ojos, y si uso sombras me pongo un poco de brillo", tan charras ellas. Las mujeres siempre quieren estar espléndidas, en todo momento, en todo lugar, observa Dania y piensa en lo extraño de cada día, cosas sueltas, ese morbo de los hombres, querer montar en la mujer especial, la que genera curiosidad.

En la embriaguez del masaje oye una palabra en el radio, asocia libremente, se pregunta si en Estados Unidos su profesión sería la de *call girl*. Le gusta el olor del aire acondicionado que siempre le ha producido esa sensación de sueño en los carros. Ganas de un jugo, ¿níspero y zapote?, la duda ante las opciones posibles. ¿O papaya en leche? Recuerda a un mafioso italiano, de la Camorra, que fue su cliente y le explicó que él fue educado para no estar nunca debajo de una mujer, nunca sometido. Nunca hacerle sexo oral a una mujer, porque "eso es de perros". Y mientras hablaba de Nápoles, los Quartieri Spagnoli, donde los policías no entran, historias de ese tipo, del iPod última versión que llevaba en una carterita surgía como una baba para el oído la voz de un señor cantando *Penso che un sogno così non ritorni mai più*. El hombre le contó que en Bangkok fue a un show en el que una mujer se introducía en la cuca, en la fica decía él, pelotas de ping-pong, y después te daba de comer con palitos que maniobraba con la vagina, y abría una botella, todo con la fica.

A Dania le parecían simpáticos esos tipos, y hasta creía que un día podía llegar a enamorarse de uno de ellos. Lo que sí tenía era la certeza de que jamás podría compartir nada con uno de esos toscos que le hacían succión dolorosa de clítoris, esos a los que les da morbo que una se corra, como dicen los españoles, pero que no tienen ni idea de cómo lograrlo. Y había otros que siempre le parecieron raros, pero que le producían ternura, como si fueran niños. Como el hombre que conoció por una amiga que había sido prepago, se casó, cambió su vida y ahora era una mujer casada con un buen hombre.

Ella me dice: Dania, van a venir unos hombres de Montería, amigos míos de *tiqui tiqui*, de antes, yo no puedo estar hablándome con ellos, pero sé que van a estar en Café del Mar esta noche, en una reunión de amigos, ¿por qué no te vas tú allá, con tus amigas, y se sientan al lado de ellos, yo te digo cómo son? Ellos han tenido tantas mujeres que ni se acuerdan con quién se han acostado, y tú desde otra mesa los llamas, este es el teléfono de uno de ellos.

Así hicimos, fuimos, nos sentamos, y cuando los veo, llamo al del teléfono y le digo: Ay, mi vida, qué hermoso te ves, qué sorpresa, tenía rato sin verte. Mentira, yo nunca lo había visto, entonces él responde: ¿Con quién hablo? Hablas con Dania, ¿no te acuerdas de mí?, hace como cuatro años que nos vimos. No, no me acuerdo. ¿No te acuerdas? Ay, ¡Dania!, sí, ¿cómo estás?, estoy en la mesa de acá. Y él voltea, nos ve, mis amigas divinas todas, y dice vénganse para acá, para nuestra mesa.

No los conocíamos ni ellos nos conocían, pero él me presentaba como Dania, mi amiga, no sé si me estaba confundiendo o se lo estaba inventando. Y ahí estuvimos, él gustó de una amiga mía, y se fue con ella al hotel Hilton. Después nos abrimos, y la llamo: ¿Cómo vas, amiga? No, este hombre me ha comenzado a leer libros, tiene una cantidad de libros en la habitación y no me ha tocado todavía, leyendo y leyendo. Y me dice: Vente para acá, que uno de los amigos de él quiere contigo. Ay, amiga, en el acto voy.

Tomo un taxi, me voy para el Hilton, y cuando llego me toca el más hombre, el más viejo. Me meto en la habitación con él, y yo quería ir a lo que iba, pero él me comienza a mostrar las fotos de la nieta, de la hija, a contarme sus historias. No me quería tocar, solo quería hablar, y me explica que él tenía un problema para que se le parara el pipí, y yo a darle consejos, que se comprara pastillas, que eso solucionaba el problema, y él que no podía porque tenía problemas cardiovasculares, y yo: Ay, pero tienes medicinas naturales que puedes tomar, y él emocionado, esperanzado. Me pagó, me dijo: Yo no soy rico, el rico es mi amigo, pero te voy a dar 600 000 pesos por tu tiempo, por tu paciencia. ¿No me vas a tocar? No, ¿para qué voy a manosearte?, yo solamente quiero que me escuches.

9

Aquella noche, cuando estábamos en eso, otro del grupo de los agentes secretos se monta en la barra y empieza a bailar todo erótico, pero como era el gordito nos reíamos, ay, el gordito tan simpático. Después se bajó de la barra y siguió bailando con nosotros, todo sexy, y les bailaba a los amigos, el desorden, ¿no? Teníamos un desorden, como decimos. Yo he visto películas de James Bond, y nunca se me hubiera ocurrido que los agentes secretos eran así, tan abiertos, tan gozones, tan frescos.

Y ahí fue que me besé con él, y me sorprendió un poco. Dije: *Zás*, ¿qué es esto?, porque yo no acostumbro a estar besándome con nadie en una discoteca, ni me gusta besarme con los hombres con quienes estoy trabajando. Y además porque yo también soy de las que tengo novio, y mi novio me cree una pelada seria, que solo soy novia suya, que trabajo pero en lo privado no ando con otro hombre armando historias.

Pero si te gusta alguien te olvidas, y ahí me besé con el hombre y no me importó que me hubieran visto. Así que me seguí tomando unos tragos y boleteando. Era como que él conociera los códigos, como se dice, me llevaba, me acompañaba en el juego, y yo le hablaba de "Mi amor", y él me decía

Baby. Y bailábamos reguetón, música electrónica, todas las músicas, tecno, el sudor sueltito por la pista, las mujeres moviéndose rico, música enfocada a tus hombros y caderas, dice el DJ en un momento, y yo digo: ¿Enfocada a qué, si no?

Entonces él me dice en inglés, me hace señas, que nos vamos, que sexo, sexo. Y yo le digo *okey*, pero *sex* es *gift*, un regalo para mí. Y él me decía *okey*. Y yo, que quiero que sea bien claro todo, le digo espera, y llamo a mi amiga, que habla un poquito más de inglés, y le pido: Dile a él que yo le cobro 800 dólares. Entonces ella, con la que antes discutíamos si esa noche cobraríamos o no, me dice: ¿Por qué tanto? Y yo le digo: Estamos en la Cumbre, *baby*. No, pero si nosotras no vinimos hoy a ganar plata, y yo le vuelvo a decir que yo sí, amiga, porque tengo mi hijo y tengo mi casa, necesito plata, no me voy a ir a acostar con él porque sí, olvídate, ese gusto no me lo voy a dar.

Acostarme sin cobrar es como darme un gusto, eso que una dice: Me gustan esas gafas, me las voy a comprar con mi dinero, o quiero comerme aquello y no me importa lo que cueste, yo lo quiero y me lo pago. Cuando hago eso, cuando me voy a dar un gusto, que quiero tener sexo con un hombre porque me dan ganas, porque sencillamente me excita ese hombre y tengo dinero, no estoy necesitada, me doy el gusto, ahí es otra cosa. Pero cuando estoy trabajando, yo nunca me confundo, por más trago que beba.

Entonces ella le dijo a él, y él le respondió que no había problema. Pero para reafirmar el trato, yo con los dedos le marqué ocho, para que no hubiera duda, y cuando hacía el ocho con los dedos le dije "dólares", ochocientos, y él: Sí. Y yo: Okey, pero como desconfié de que mi amiga le hubiera traducido con claridad lo que yo quería, le digo a mi mánager: Gorda, dile a tu amigo que habla español que le diga al amigo que va a ir conmigo al hotel que me dé ahora los 800 dólares. Cuando el amigo le dice, él responde: Sí, no hay problema, se los doy en el hotel. Entonces pregunto en qué hotel están; en el hotel Caribe, me dicen, y yo pienso ahí que debe ser un hombre serio, seguramente está en alguna comitiva de presidentes, y me voy con él. Pero nunca imaginé que él era parte de la gente del Presidente de Estados Unidos.

Los presidentes que habían venido a la Cumbre de las Américas estaban con sus comitivas en ocho hoteles, todas sabíamos eso. En el Santa Clara, en la ciudad amurallada, estaba la presidenta de Brasil, el presidente de México y el de Chile. En Las Américas, que queda lejos del centro histórico, como que habían acomodado a los países pequeños, las islas del Caribe, Barbados, Belice, Guyana, Honduras, Panamá, El Salvador, Trinidad y Tobago y alguno más. En las trescientas habitaciones del Hilton estaría Barack Obama, y el chiste entre mis amigas era cómo haría para dormir en tantas camas al tiempo.

Y en el viejo hotel Caribe, que cuando una lo ve de lejos parece un hotel de esos que aparecen en las películas de California, pero por dentro ya no es tanto como dicen que fue, estarían los presidentes de Uruguay, Perú, Bolivia, Paraguay, creo, y cuando estalló el escándalo se supo que, además, el piso séptimo de un ala de ese hotel era el cuartel de los agentes secretos que cuidaban la seguridad de Obama. Antes no se sabía. Por eso cuando nos fuimos para el Caribe no pensé que ese hombre sería exactamente de Estados Unidos, porque ellos estaban en el Hilton. En realidad no pensé, él me gustaba, iba a ganar plata, todo estaba bien.

Cuando entramos al hotel recuerdo que pasamos junto a un gran cartel con el símbolo de la Cumbre de las Américas hecho en *icopor*, y yo pensé que si habían gastado tanto en organizar aquello, podrían haberse esmerado en poner algo más bonito que *icopor* para montar eso.

Pero antes de llegar al Caribe ocurrieron tres hechos que me convencieron de que todo estaba bien, que no había ningún problema, que estaba con el hombre correcto. En un momento le pido que me dé dinero para comprar una caja de preservativos, y me pone en la mano 50 000 pesos. Y en la discoteca, antes de salir, le pido dinero para dejarle a mi mánager, que estaba sin plata, yo quería dejarle algo, y también me da un billete de 50 000, y a la salida otros 50 000 pesos para comprar unos chicles. En todo eso van 150 000; yo digo: Aquí hay plata, todo está en orden, y me fui fresca.

Cuando llegamos allá, a la recepción del hotel, presento mis documentos y él firma un formulario donde dice que yo voy a entrar a su habitación, que está de acuerdo, todo eso, y entramos. Mi otra amiga con su amigo habían venido también con nosotros, y ella se metió con él en otra habitación; yo no sé qué hicieron ni qué cuadraron ni qué nada, ni si ella se acostó gratis con él, que después ella dice que no se acostó, yo no sé qué hicieron ellos. Nosotros vamos a la habitación, y cuando estamos ahí pasa todo lo que tiene que pasar.

Yo siempre cargo bolitas chinas y jugueticos, como vibradores, cositas, cremas, lubricantes, condones con sabores, marihuana, ese es mi *kit*. Cuando estamos ahí abro mi bolsa, y lo primero que vi fueron las bolitas chinas, que siempre me han gustado, tanto para mí como para hacerlas, que hay hombres a los que les gustan, y hay hombres a los que no. Las bolas chinas son unas bolas que en su interior tienen otras bolas más pequeñas, que golpean con las de afuera y producen vibraciones disparejas, muy ricas, que cuando las tienes dentro te hacen estremecer bien rico. Dicen que las *geishas* las usaban mientras caminaban, para prepararse el ánimo cuando iban a un encuentro. También hay unas esferitas atadas a una cuerda, que le insertas al hombre en el ano después de lubricarlo, se las introduces y después las sacas y las metes a velocidades diferentes, cada vez más bruscamente cuando se va acercando el orgasmo.

Estábamos prendidos con los tragos, habíamos tomado bastante vodka, pero no era que estuviéramos ebrios para caernos al piso. Y yo quería hacer desorden, soy una pelada extrovertida, me gustaba el hombre, y le dije que jugáramos con las bolitas chinas. Y él me dice que bueno. Pero antes le doy de fumar marihuana, *creepy*, cultivada en invernadero, que siempre les doy a mis clientes para que lo pasen más rico. Y cuando está bien sueltito, le meto una bolita china, dos bolitas chinas, que él ahí en la segunda empuja con su cuerpo buscando presionar mi mano para que entre la bolita. Pero a la tercera bolita como que se arrepiente, y me dice que ya no quiere más bolitas, no, no. Y yo dejo de hacerle eso.

Entonces tenemos sexo, normal, nada fuera de lo normal, ni sexo oral ni nada. Sexo normal, yo le apretaba mucho las nalgas cuando él estaba adentro, pasó eso, terminamos, ya. Pero yo quería seguir jugando con mis bolitas, y ahí sigo, juega y juega. Y en eso me quedo dormida jugando. De ahí no me acuerdo de más nada hasta que me despertaron a las seis y media. Eso fue, ya.

Yo nunca le revisé su maleta, ni miré adentro de los clósets, porque jamás hago eso. Así que si hubiera tenido algún documento secreto yo no lo hubiera visto, porque estaba ahí para hacer lo que habíamos convenido, y no para meterme en sus cuentos. Tampoco vi en el cuarto pistola, ni documentos, nada raro. Lo que sí vi fue tal vez un uniforme, café, como de militar. Pero en ningún momento aproveché que él dormía para revisarle qué tenía. Siempre he sido muy respetuosa en todo eso.

A las seis y media de la mañana me levanta la recepcionista: Señorita, ya es la hora de la salida, son las seis y media. Yo digo: Ah, bueno, sí, ya me levanto, porque en los hoteles como este a las chicas que permiten entra r por la noche les piden que se retiren a las seis y media, como para que no estén en el desayuno con los otros huéspedes, me imagino. Me levanto y lo primero que pienso es en las bolitas chinas, que no se me queden embolatadas en las sábanas o donde estén, que ahí no me acuerdo si las bolitas estaban dentro de él o yo las tenía.

Él se despierta enseguida y yo le digo: *Baby*, mi dinero, *cash*, *money*, me tengo que ir. Y él entiende que yo le estaba pidiendo el dinero, coge su pantalón, que lo tenía entre la pared y la cama, que estaba pegada a la pared, lo tenía como escondido, y cuando tiene el pantalón en las manos, del bolsillo saca la billetera, cuenta el dinero, tenía trescientos mil o trescientos cincuenta mil pesos, algo así, y me da un billete de cincuenta mil, y me dice: Toma, para el taxi. ¿Para el taxi, qué?, le digo yo. No, mi dinero, y él: No, no hay dinero. Que mi dinero, por favor. No hay dinero, *no money*. Entonces yo me sentí indignada, nunca he estado en una situación así, porque siempre cobro mi plata por adelantado, nunca me confío. No recuerdo otro día en que me haya confiado de esa forma.

10

Aquella noche las cosas evolucionaron, se besaron, salieron, *pasó lo que pasó*, y a la mañana siguiente él decidió que lo que ya le habían dado no tenía por qué comprarlo, pagarlo. Y hasta quizás se sintió satisfecho recordando aquello de que "el mejor polvo es el que menos te esperas", y pensando en un gesto amable para acabar el encuentro le alcanzó un billete a la chica para el taxi, y que se largue.

Pero el agente de Obama no evaluó que en un país donde la figura paterna es escasa en las familias populares, la "mujer cabeza de hogar" ha desarrollado una excepcional capacidad para enfrentar contingencias con mano firme. Que las colombianas son frenteras, que les ponen la cara a los conflictos, que reaccionan duro cuando se sienten burladas, estafadas.

¿O acaso él pensó que ella era una mujer soltera y exitosa, de esas cultivadas en la frivolidad del consumismo a crédito, que aceptan propinas como detalles de seducción del hombre, regalitos de poca monta a cambio de sonrisas, besitos, caricias y más nada?

Para entender qué pasó quizás es necesario pensar en el choque de dos culturas, como aquel de las civilizaciones de que hablaba Samuel Huntington. Por un lado el país del Tea Party republicano en manos de un profesor de derecho constitucional de origen hawaiano-keniano, y en la otra esquina el del reinado de la burra, el diamante en el diente del cantante, las parrandas vallenatas de días, entre fritos y raspados, cocaína y patacones con sal y ají, todo mezclado. Sancocho de gallina o pescado, y acordeón en tono menor. La puta niña y el señor, pero todo transparente, claro.

Y también es preciso observar el escenario del acuerdo y el conflicto por no-pago. Cartagena de Indias, la del reinado de la belleza, el culto nacional a la más buena, el mercado donde el hombre pone el ojo y hace el trato, y en eso nadie engaña. Un mundo de mujeres de caminar lento, sensuales, que sin haberlo leído jamás saben de memoria aquello que dijo un español: un cuerpo es un libro donde se puede leer el alma. Mujeres que sueñan con "volverlo loco para que te dé todo", la sumisión total del hombre, para descansar, olvidarse del dinero para las necesidades y las ganas de comprar pendejadas, mientras canturrean aquello del compadre Diomedes: *Yo quisiera que la tierra girara al revés para hacerme pequeña y volver a nacer.*

Cartagena, Caribe, negras grandes con frutas sobre sus cabezas ofreciéndolas por rodajas, moscas dulzonas que revolotean alrededor de los blancos dientes de los niños, pobreza que se multiplica en ofertas de gafas, todas de marca, todas chinas, todas falsas, todas accesibles, la democracia de mercado en su versión más rasa. A ese mundo pertenece Dania. A ese territorio del collar de coral en Playa Blanca, la langosta en las Islas del Rosario, Rocky Valdez prestando plata en el muelle de los Pegasos, multitudes pensando en cómo pagar sus deudas a plazos.

¿Qué vienen a buscar los extranjeros a Cartagena? ¿Tetas ricas, caderas que se muevan con gracia, palabras de azúcar instantánea? Pues eso se les tiene, ¿qué otra vaina? Candela, no hay de otra para sacarle el billete al marrano.

En ese mar Caribe contaminado, ese mar que te cocina a baño María, ese caldito, todos son sobrevivientes. Náufragos de la vida esperando una oportunidad detrás de la sonrisa boba de un extranjero. Y saben que la oportunidad más concreta, la más rápida de coronar, es sexo. Sexo por dinero. Porque si el hombre quiere ir al cielo entre unas piernas bien ricas, el hombre paga. Y la palabra del acuerdo es sagrada. La ley es esa.

Candela buscan, porque allá de donde vienen no deben tenerla las mujeres, piensan las cartageneras. Quizás por eso los gringos arman tanta guerra, buscando lo que no tienen, piensa en un instante Dania. Como si les faltara algo en el cuerpo, un brazo, el hígado, el pipí. Y ahí van, a matarse para disimularlo, por física envidia con el que lo tiene. Imaginan que vienen a tirarse las mujeres de los que tienen, y se quedan en eso, imaginando. Y compran el tiempo, arriendan el cuerpo, la boca, las manos de las mujeres. El vacío de los huequitos, y el conocimiento de cómo moverse cuando se los están llenando, y que eso sepa rico.

Fabulosamente alegres siempre, desinhibidas como guacamayas, ahí andan las cartageneras del pueblo buscando a su gringo, riendo con todos los dientes a la vista, porque nadie quiere comprarle sexo a una triste, una con dramas. Esos dramas los pone el cliente, que no es que tenga la razón, pero sí tiene la plata, que la mujer necesita y por la que da batalla.

11

El agente secreto duda, *¿rouge* o *ketchup?*, ante la pequeña mancha en la comisura de los labios de una muchacha caminando cerca del Hilton. Y al reparar en ella piensa: Qué boquita tan hermosa para hacer nido, mientras alguien le ofrece al paso una raqueta eléctrica para matar moscas, *made in China*, lo cual pudo haberlo conducido quizás, si hubiera estado atento, a sospechar algo, ¿quién sabe, quién puede asegurar que no? Porque en estos países siempre hay algo acechando a la vuelta de la esquina, aquello que en un disco de Carlos Santana canta una voz de Puerto Rico, *de cualquier valla sale un ratón, oye*, se dice el hombre y mira hacia los cuatro puntos cardinales. Pero todo está tranquilo, e inevitablemente se confía.

Así evolucionan las cosas. La salida con los compañeros de misión, la discoteca, las muchachas tan bonitas, aquella en especial, el baile, un par de besos, una negociación rápida. Y ya van de salida. Levemente embriagado por los vodkas que ha bebido, presiente lo que viene, se imagina atrapado gratamente en la boca de ella, evoca la singularidad de alguna garganta en la memoria y suspira, en posición descanso. Y solo por un instante, un momento tenso que desaparece tan rápido como ha llegado, puede que recuerde al ruso Stanislav Leschenko, que decía: "A los espectadores lo que les interesa es que el final de la película sea el correcto. Cómo se lo logra, no les importa, son indolentes o tolerantes. Pero no perdonan nunca si el final tiene defecto".

Las chicas turcas, aquellas de los harenes, se ubicaban al pie de la cama y desde allí tomaban el camino hacia arriba, por debajo de las sábanas. Y en China los esclavos tocaban música o recitaban poesías eróticas detrás de un biombo, mientras el señor amaba a sus concubinas, quizás recordó el agente haber leído en medio de algún pasado. O tal vez su memoria le trajo del norte de África las palabras de *El jardín perfumado*: "¡Loado sea el Altísimo, que ha situado la fuente del mayor placer del hombre en las partes naturales de la mujer, y la fuente del mayor placer de la mujer en las partes naturales del hombre!", y por un momento el agente se deleitó repasando el recuerdo de ese libro donde el jeque Nefzawi explica la gran diferencia entre las dos formas con que puede llevarse a cabo la unión: fornicación, definiendo esta como el acto de la unión carnal sin sentimiento para el otro, una experiencia física, una sensación animal. Y frente a eso, una expresión de amor y afecto mutuos, la copulación, unión carnal que es emanación directa de la voluntad de Dios. Y a esta altura, *bah*, *puras pavadas*, cambiará de tema seguramente, en *plan Boogie*, *El aceitoso*, aquel personaje del gran Fontanarrosa.

Ya han recorrido el camino, ya entraron al hotel, al cuarto, ella le ofrece chicle, más tarde sacará de su cartera un cigarrillo relleno de *creepy*. Él se siente un poco pegajoso. Ella propone ducharse, él siente que quiere verla desnuda y acepta de inmediato. Cuando ella se quita la ropa, lo primero que le impacta son sus preciosos senos, lo segundo, el sexo rapado, su volumen, la insinuación de la hendidura en el centro. Esta mujer me descontrola, piensa nervioso, con las cuerdas vocales internas desafinando.

El placer se desplaza como un virus en la saliva que el agua de la ducha va disolviendo. Al hombre le agrada en alto grado la forma en que ella lo toca, la forma en que le sonríe. Casi todo es físico, no hay muchas palabras, pero aunque no hable la muchacha comunica por cada uno de sus poros, cada murmullo, cada gesto. Y cuando la toca siente que algo, un corrientazo, viaja por su sistema nervioso central y le afecta el cerebro, igual o más que cuando ella lo acaricia. Es un agente con años de experiencia, tiene aquella famosa licencia para matar que mencionan las películas, es frío como una cucaracha, como un cuchillo, pero con ella bajo la ducha y al salir, cuando se lamen las gotitas que han quedado en la piel, se siente sencillamente un niño.

"Saborear la carne" se ajustaría más a la idea que eso de "hacer el amor", puede que piense camino a la cama. Y con ganas de divagar por un instante, es probable que llegue a imaginarse dirigiéndose a la mesa de una pareja en un bar, y pidiéndole al hombre: ¿Me concede el honor de saborear la carne con su esposa?, como si solicitara formalmente la posibilidad de un baile.

El humo que aspira lo instala en un leve manto de neblina. El aire acondicionado funciona a mil, pero no evita que la humedad permanezca en la habitación. Transpira. Se manosean, se besan, y en un momento ella saca algo de la cartera. Él siente la primera bolita china en su ano, se contrae, y enseguida una parte suya se expande. Distraída en la acción, con la voz marinada en alcohol, en su pésimo inglés, la muchacha intenta conversación, algo que a esta altura no tiene ninguna función. *Where are you from?*, pregunta. ¿Morir de amor es que te falle el corazón?, quizás esté pensando él en ese instante, excitado por aquellas bolas que le ha introducido ella. ¿Piensas en otra cuando estás conmigo?, podría preguntar entonces Dania en español, para completar el cuadro en plan película antigua cubana. Y él respondería: Sueño con el Che Guevara en boina,

camisa abierta, pañuelo anudado al cuello, tetas tipo J Lo, ace-
chándome con un puñal debajo de la almohada. Pero el humor
no es el fuerte de ese hombre, siente ella, aunque sabe que las
apariencias engañan.

Probablemente él ha estado tan solo, tantas veces, que
llegó a sentirte perfecto en más de un instante. Pero perfecto
o no, siempre puede un tren descarrilar entre dos tetas, ya se
sabe. Y en medio de un cansancio largo, esa fatiga que es como
un sopor, se pregunta si tendrá tanta importancia ser perfecto, en este mundo que, si creemos a los mayas, el 22 de diciembre de este año 2012 se acabará cuando el sol reciba un
rayo sincronizador del centro de la galaxia, y será el fin del
capitalismo, de Obama, de todo lo que es importante… Esto
es muy *hippie*, esta *creepy* está bien buena, se dice aquí el agente, con un dejo de risa, mientras a su espalda ella juega con la
segunda bola.

Pero cuando la muchacha introduce una tercera él siente
la alarma encendida, y seguramente se dice: Pase lo que pase
no quites tu atención de aquí, de este lugar, de esto que estás
sintiendo, no te dejes distraer por nada. Mantente en la línea
en que comenzaste, aunque te llame la atención algo que se
quedó en suspenso arriba, o algo que aparezca después abajo.
Por supuesto que siempre hay algo que puede ser más interesante, más divertido, pero debes seguir aquí, como en una relación, un matrimonio, hasta que la niña muerte nos separe,
que dicen los mexicanos. La continuidad vista como fidelidad,
ya sabes.

La marihuana ha hecho efecto, el hombre se enrolla en
pensamientos suaves, levemente paranoicos en algunos instan-
tes. ¿Y si quieres otra bola, qué? ¿Quieres probar la novedad?
No te lo impide nadie, aunque alguien diga lo contrario, o haya
una ley que prohíba, y cámaras acechando, y estúpidos policías
nativos por todas partes. ¿Sabes que solo un pequeño porcentaje del mundo se mantiene fiel y muere ahí, ajeno a todo lo

demás? ¿Te das cuenta de que en este instante podrías estar en otro lugar, otra casa, otra ciudad?, se dice el agente suspirando. Tu vida podría ser tan distinta… Y estás a tiempo, no hay nada que lamentar, aún. Algo así decía un aviso de Gauloises, anunciando en un televisor de bar la versión *blondes* en Marsella, o en París, cree recordar mientras siente que el placer lo está extraviando.

El hombre es consciente de que allí está ocurriendo algo que puede sacarle de su control standard, y entonces le dice a la muchacha ya, *stop*, y ella obedece. Se voltea la mujer y el mundo gira con su belleza. Y ahí, de puro malosa, frota su sal en la herida del hombre, esa membrana que vibra. Y él siente que se hunde en el mundo que se extingue, los mayas revolotean en su mente, y siente que ya, en un instante llenará el globito ese que no sabe cuándo le ha puesto a muchacha. En ese instante ella piensa en decirle: La próxima vez que me masturbe pensaré en ti, tanto como para completar el daño, pero no maneja el inglés suficiente para hacerlo. A esta altura la cama se ha vuelto para él una base de lanzamientos de cohetes, satélites, misiones interplanetarias suicidas. Luego, casi de inmediato, se dice *¡alerta!* con aquella voz desafinada, pero no puede controlarse y se viene en el siguiente instante.

Luego del coito el hombre duerme, observaron los antiguos, en una de sus tantas exhibiciones de sabiduría eterna. Y eso ocurre, indefectiblemente. Medio en sueño, medio despierto, el agente siente la bolita con la que la chica vuelve a jugar en su ano. Y un dedo de ella en su boca, moviéndose despacito, más que gustarle le molesta. Hace un gesto y se lo quita. Por un instante sueña con alguna muchacha de nombre *Shawarma Jabibi* o algo así, en un bunker de Bagdad, y en un semáforo, malabaristas con pescados, en vez de bolos o palos. Y luego una voz imperiosa, pero serena, le ordena en el sueño: Haz siempre lo mejor para no tener que lamentar lo peor. No capta el sentido del mensaje, pero se pone atento.

Medio despierto, medio dormitando, recuerda una misión en Irán, y la prohibición allá de mostrar en los escaparates de las tiendas ropa interior de mujer, y también maniquíes femeninos sin velo. Y, sin embargo, tanta represión suele ser compensada por respuestas naturales que el represor jamás espera, evaluó evocando aquello en los niveles complejos del sueño. Como cuando el imán Ruhollah Khomeini, Ayatollah Supremo de Irán, ilustró sobre el modo de vida acorde con la voluntad de Dios, en su libro *Towzihol-Masaël*, que significa la explicación de los problemas o algo así: "Después del coito, si el pene ha penetrado por completo o hasta el anillo de la circuncisión en la vagina de la mujer o el ano del hombre, las dos personas quedan impuras, aunque sean impúberes, y deben hacer sus abluciones". Y ocurrió que sus textos, en manos de adolescentes que no podían evitar masturbarse al leerle, propiciaron lo contrario de aquello que buscaban.

Al oscurantismo de la represión le suele ir así. Pero no ceja en su empeño. Es como la mítica lucha entre la luz y la oscuridad, reproduciéndose cada amanecer, cada anochecer. Por eso, particularmente en épocas de desequilibrio, es necesario contribuir a que el conocimiento restablezca la luz, se dice quizás el agente en ese plano sabio que suele aparecer en los sueños de un agente secreto que ha pasado por un entrenamiento extremo. Entrenamiento que a nadie blinda ante el deseo de jugar con una mujer como esta que duerme a su lado. Aunque pretenda controlarlo.

Puedes conocer a una mujer en Buenaventura, Veracruz o La Habana, y querer sentirte en un valle entre sus formas, pero para tenerla no necesitas recitarle aquello de que entre los siglos XVII y XVIII el culo en el arte fue casi un subgénero del retrato, entendiendo por culo los glúteos más que el ano, se dice el agente en su sueño, rezongando entre ronquidos. Y mucho menos que ese ano que el pene genitaliza ya no es el final del sistema digestivo sino un nuevo continente erótico, que va más allá del abordaje que de él hace el psicoanálisis clásico...

En algún momento de la noche ella le ha dicho rotundamente que por ahí no, y eso probablemente explica la frustración que regresa en el sueño donde ahora sueña con la llave que abría la puerta de la ciudad amurallada en la Edad Media, y que se reproducía en la acción de cerrar el cinturón sobre las zonas privatizadas de las hembras, para evitar su acceso por otros, aquella traición tremenda.

Y de pronto se despierta, sobresaltado, porque recuerda haber visto en la discoteca a alguien, uno de sus compañeros, haciendo fotos con el móvil. El crimen perfecto no existe, una vez más se dice, porque nadie puede prescindir del reconocimiento al éxito de su acción, como explicó aquel penalista italiano. Cuando usted se queda dormido de papeles, usted está bajo la ley del accidente, reflexiona retomando el guion del hombre con alto entrenamiento. Y se tensa aun más. Pero después de unos minutos mirando el techo de la habitación se calma, se dice que este es territorio aficionado, no tiene importancia, mira lo fácil que clavamos a Pablo Escobar, al guerrillero gordo, ese Jojoy, para nosotros en verdad no hay riesgo. Entonces observa a la mujer, le acaricia el cabello, apoya la cabeza en la almohada y recupera el sueño.

12

Cuando salgo de la habitación le toco la puerta a su amigo, al que está con mi amiga, y cuando me abre le pido a ella que le diga que por favor me ayude con mi dinero, que su amigo no me ha pagado. Ella le traduce, y él dice: ¿Cómo, no te ha pagado?

Su amigo sabe que eso era con dinero, porque mi amiga lo había dicho. Entonces él me dice: Ay, lo siento, y saca un dinero, solamente 40 dólares, creo que fueron. No, digo yo, tan poquito no, yo quiero mi dinero, si no llamo a la Policía, dile, le pido a mi amiga.

Yo sé que este hombre no me debe, que es su amigo el que me debe, pero por alguna razón él está dispuesto a pagarme por su amigo. Tal vez porque le parece justo, o para evitar problemas. Porque después, cuando me entero de quiénes son, yo pienso que, claro, si hay un escándalo, las consecuencias serían para todos ellos, como ocurrió. Entonces digo que voy a llamar a la Policía, y mi amiga le traduce, y él me pide que no, *please, please, no police*. Y yo que sí, que voy a llamar a la Policía, pero no es que piense hacerlo, es más por desesperación, por impotencia.

A mí me llamaron del hotel a las seis y media, y estuve hasta las diez de la mañana en esas, rogando, pidiendo mi plata, y él no abría la puerta, no volvió a salir, y su amigo solo ofreciéndome una tontería de dinero. Entonces yo estaba indignada, llorando, porque me dije: Cómo voy a estar con un tipo que sí, a mí me gustó, pero yo no vine aquí a darme gusto, vine a ganarme la noche, ¿cómo me voy a perder yo una noche hasta la mañana siguiente, pudiendo estar con mi hijo, dormir con él, en mi casa, amanecer en casa, y todo para esto, para irme sin un peso?

Eso es lo que yo pensaba, derrotada ya, sintiéndome utilizada, y cuando iba saliendo de la habitación de mi amiga para mi casa, resignada ya, se abre el ascensor y hay un policía. Después de que tanto amenacé con llamar a la Policía, había un policía ahí. Por cosas así que me ocurren pienso muchas veces que yo le gusto a Dios, que él me cuida, que me ayuda. ¿Por qué estaba ese policía en el ascensor? Por la Cumbre, me imagino. Deduzco que el policía estaba ahí cuidando a los agentes de seguridad de Obama. Era la tarea de los policías locales. Pero para mí fue como que Dios me lo hubiera puesto. Entonces me decido y le digo, me sincero con él, porque no me puedo acercar a cualquier persona y decirle yo soy prepago y me está pasando esto, es algo difícil aceptarlo, que se es prepago, ¿no? Pero a él sí le digo, porque siento que está ahí para ayudarme: Señor, a mí me está pasando algo, pero te juro que no se cómo comentarte lo que me está pasando.

Él me dice: ¿Qué te pasa?, dime, aquí estoy yo para cualquier problema. Y le digo: El hombre de esa habitación tuvo sexo conmigo y no me pagó. Y él me pregunta: ¿Tú eres prepago?, y yo digo: Sí, y me dice: Ven, vamos a solucionar ese problema. Yo le pregunto: ¿Tú crees que me pague?, como una niña, sintiendo que podía tener un apoyo, me imagino. Y él me dice: No sé, vamos a hacer el intento, lo correcto es que te pague si acordaron eso.

En ese momento me siento protegida, estoy con un policía, él es un americano pero va a ver que a mí me está protegiendo un policía colombiano, yo iba segura de que ahora podía conseguir lo que era mío. Entonces el policía le toca la puerta a él y no abre, y le dice con voz firme: Soy policía de Colombia, por favor, abra la puerta. Ahí yo le digo al policía: Mira, aquí en la puerta de enfrente está mi amiga con el amigo de él. Golpea, abren y cuando el otro ve al policía se asusta, y yo alardeo, le digo: Ahí ves que traje un policía, lo que te dije. Ay, no, yo tengo 140 dólares, coge, ten, me traduce mi amiga lo que dice él. Y yo: No, quiero mis 800 dólares, lo que acordamos con tu amigo.

En ese momento yo me sentía como grande, porque estaba respaldada, creo que sentía que el país, mi país, me respaldaba por intermedio de ese policía. Entonces, cuando eso pasa, el policía me dice: Mira, entra a la habitación. Como diciéndome: Para que nadie la esté viendo, señorita, que no es bueno que todos se enteren de esto. Yo entro, y afuera se quedan el otro hombre y el policía, y como ya es tarde y hay todo este alboroto en el pasillo, van saliendo los compañeros de él, de las demás habitaciones, y se acercan preocupados, preguntando en inglés qué pasa.

Mi policía no podía hablar con ellos porque no hablaba inglés, entonces me dice: Es que yo con estos hombres no puedo hablar bien, y yo: Ay, a mí no me importa, llámate a un policía bilingüe, porque yo quería era mi plata, y ahora sentía que podía conseguirla. Ay, verdad, voy a llamar a un policía bilingüe, me dice él, y llama. A los cinco minutos el bilingüe estaba ahí, porque enfrente del hotel hay un CAI, una estación de Policía.

Y llega este otro policía y me pregunta qué sucede, yo le cuento mi historia, me pasó esto y esto, ya no me daba ni pena decirlo. Yo pensaba: Ahora con más razón me tienen que pagar mi plata, ya hay hasta dos policías que saben que soy prepago, y quién sabe cuántos más en el hotel me estarán viendo, así que no me puedo ir de aquí sin al menos tener mi dinero.

Además, al ver que yo no salía, un hombre de la seguridad del hotel sube: ¿Por qué no ha bajado, señora?, y yo le digo: Mira, me está pasando esto y esto y esto, porque con él no había que ocultarlo, ellos saben que nosotras cuando vamos ahí somos prepago. ¿Cómo así? Eso es lo que está ocurriendo, señor, y yo quiero mi dinero. Entonces ya están los dos policías y el de la seguridad del hotel, y le tocan la puerta al que no quiere pagarme, y él no sale. Ahí yo siento que ni modo, que los gringos en este país hacen lo que quieren, y me vuelvo a resignar y digo: Estos son unos *machuchos* que no tienen plata, me están haciendo pasar a mí pena aquí, mejor me voy.

Entonces, como para salvar algo, se me ocurre decirle a sus amigos: Hagamos esto, me dan 250 dólares y me voy. Son 500 000 pesos, peor es irme limpia, pienso. Espérate un momento, me dice uno de ellos, y sale a no sé dónde, y después vuelve con una plata. En total me dieron 140 dólares creo, y el resto en plata colombiana. Y me fui. Eso fue todo lo que pasó, eso fue lo que después llamaron "el escándalo". Los que se encargaron de armarlo fueron los medios, y el mismo Gobierno de Estados Unidos.

Después de todo eso llego a mi casa, eran como las once, doce del día, y le pregunto a mi muchacha: ¿Ya mandaste al niño para el colegio? Sí, ya lo mandamos, no se preocupe por eso, pero ay, señora Dania, ¿por qué llega tan tarde? No, porque tenía una fiesta anoche y me quedé hasta hoy para no venir desde tan lejos, que es peligroso, tú sabes, entonces preferí quedarme, y me quedé dormida hasta ahora. Ah, bueno, señora Dania.

Me acuesto a dormir, trasnochada como estaba, y me levanto cuando viene mi niño, almuerzo con él, en el televisor está el noticiero, y sale la noticia. Una prostituta en el hotel Caribe, y esto y aquello, y la muchacha del servicio viendo la noticia, ella es evangélica, y yo: Muchacha, deja de estar viendo esas noticias que te van a perjudicar la mente y te vas a ir por otros caminos y no los caminos de Dios. Mamándole gallo, pero tratando de distraerla del tema. Y le digo a mi niño: Mira, me voy a echar la siestecita. Ah, bueno, mami, se encierra él en su habitación y yo me acuesto a dormir.

Duermo hasta que ya es de noche y me despierta mi amigo Tony, que sabe todo de mí, que somos uña y mugre, y yo lo había llamado cuando llegué a casa, y le había contado que había tenido un problema con un hombre que no había querido pagarme, pero sin entrar en detalles. Y me dice, Dania: ¿Tú viste esas prostitutas en el hotel Caribe, que las dejan entrar, las condenadas esas, y a ti te quieren poner a veces problemas para entrar a los hoteles?

¿Cuáles prostitutas?, le digo, porque aunque él sea de mi total confianza no quiero abrir el tema. Yo estaba en mi cuento, y le sigo la corriente, le pregunto para saber qué se está diciendo en la calle: ¿Cuál es el cuento de las prostitutas? Que no les querían pagar unos hombres que son agentes de Obama. Y le digo: ¡No joda!, ¿cómo se van a meter con una prostituta esos hombres?, ¿por qué no los conocí yo? Le cambié el tema y seguí echándole cuentos, cuando en eso cae en cuenta y me dice: Oye, hijueputa, ¡si tú eres la prostituta! ¡Los hombres con los que tú estuviste son los agentes!

Por mi cabeza no pasaba que yo había estado con un agente y que había formado un escándalo, porque escándalo no era reclamar el pago que habíamos acordado. Y le digo a Tony, pensando mientras le hablaba: ¿Qué escándalo?, si yo no formé escándalo, eso fue en una habitación, se habló todo normal, que yo estaba mal porque me iba a ir a mi casa sin plata y que reclamé la paga, eso no es escándalo. Y mi amigo: Entonces tú eres la prostituta de la que están hablando todos, que no te querían pagar. Amigo, pero si yo no soy prostituta. Ay, no te hagas, ¿cuál es la diferencia entre una prepago y una prostituta, si hacen lo mismo?, me dice, y me pregunta: ¿Tú crees que un gringo entiende la diferencia? Mi reacción ahí fue reírme. Y en ese momento me relajo, porque me había tensionado aquello, obvio. Mira, amiga, me dice Tony, ya mañana nadie se acuerda de eso, no sale ni foto, ni nombre tuyo, no te preocupes más, tranquila.

13

El jefe del Estado Mayor Conjunto de Estados Unidos, general Martin Dempsey, en conferencia de prensa con el Secretario de Defensa Leon Panetta sobre temas de la guerra de Afganistán y la situación en Irak, declaró estar "avergonzado por lo que ocurrió en Colombia", refiriéndose al incidente de un agente del Servicio Secreto y una mujer local, cita *BBC Mundo online* el 16 de abril.

El 24 de abril, un cable de la Associated Press (AP), originado en Washington y firmado por Ken Thomas y Laurie Kellman, afirmó que "el presidente Barack Obama dijo que los empleados involucrados en el sórdido incidente de Cartagena eran 'tontos', pero que 'no eran representativos de la agencia que protege a su familia'". Y apuntaba el cable que "la situación se ha vuelto un tema bochornoso en año electoral para Obama, quien ha dicho que estaría disgustado si las acusaciones resultaran ciertas".

Entretanto, Mitt Romney, virtual candidato presidencial republicano en esos días, interrogado sobre el tema por la conductora de radio Laura Ingraham, declaró que debe despedirse a las personas que pusieron "su diversión personal" por encima de los intereses de la nación, aclarando que pese al incidente confiaba en Mark Sullivan, el director del Servicio Secreto.

El cable de la AP corroboró la versión de Dania sobre los hechos, aclarando que "la Policía local intervino en nombre de la prostituta que exigía su pago", y en la cadena radial Caracol, la canciller colombiana María Ángela Holguín, un tanto costumbrista, como algunos funcionarios locales suelen serlo, salió en defensa de Cartagena, "uno de los principales destinos turísticos del país", y le cargó las culpas de lo acontecido al Servicio Secreto de Estados Unidos. Luego, restándole importancia al tema de la prostitución en la ciudad Patrimonio Histórico de la Humanidad, agregó: "Déjenme decirles de manera cruda: la prostitución existe en todas partes. Donde hay un hombre, hay prostitución".

Como no podía mantenerse en silencio sobre su gente de mayor confianza, Obama, en el programa de la cadena NBC *Late Night with Jimmy Fallon*, defendió a los agentes del Servicio Secreto en general, diciendo: "Estos tipos son increíbles. Ellos me protegen, protegen a Michelle, protegen a las niñas. Ellos protegen a nuestros funcionarios en todo el mundo".

Lo cierto fue que la Cumbre de las Américas, desde el momento mismo en que trascendió la discusión por el pago de honorarios en el piso 7 del hotel Caribe, se convirtió en sinónimo de agentes secretos y prostitutas, pasando los temas del debate de presidentes del continente a un segundo plano. *The New York Times*, *The Washington Post* y en general todos los grandes medios periodísticos del norte de América, acostumbrados a la intrascendencia de reuniones de alto nivel como esta, centraron su interés en lo ocurrido en el hotel Caribe, donde se alojaban una veintena de francotiradores, expertos antiexplosivos y otros agentes del Servicio Secreto.

Y el asunto siguió creciendo en su interés periodístico, impulsado por afirmaciones como la de la Secretaria de Seguridad Nacional, Janet Napolitano, que al ser interrogada en la Cámara Alta del Congreso afirmó dramática que "No dejaremos ningún rincón sin revisar", al tiempo que trascendía el envío de una comisión especial de investigadores a Cartagena, para recoger información que permitiera aclarar los hechos.

Los cables generados en la capital estadounidense informaban que cuando el senador demócrata Patrick Leahy, presidente del comité del Senado, le preguntó a Napolitano si los agentes secretos tienen entrenamiento en asuntos relacionados con sostener relaciones íntimas con ciudadanos extranjeros, ella respondió que el entrenamiento está "enfocado en el profesionalismo, y en fomentar una conducta consistente en los más elevados estándares morales", elemento este que facilitó la profusión de chistes y comentarios varios al respecto, impulsado en parte por los asesores de la campaña republicana.

The Washington Post afirmó que agentes del Servicio Secreto, entrevistados bajo la condición de preservar su anonimato, afirmaron que lo sucedido en Cartagena suele ocurrir en otros viajes del Presidente y sus altos funcionarios, y *The New York Times* reveló que uno de los agentes, presumiblemente el del incidente, aseguró que "no sabía que su acompañante era prostituta", que conoció a la mujer en "un encuentro casual en un bar" de Cartagena "antes de llevarla a su habitación", y que solo se percató de que su acompañante era prostituta "cuando esta le pidió dinero y él le exigió que se fuera".

A raíz del escándalo, el jefe del Servicio Secreto cesó en sus cargos a varios supervisores, oficiales y agentes, y aceptó que el Inspector General del Departamento de Seguridad Nacional supervisara su investigación y mantuviera informados a los legisladores más influyentes sobre el caso. Y en ese momento intervino la Casa Blanca, directamente a través del presidente Obama, quien declaró tener confianza en el Servicio Secreto y en su director, pese a lo acontecido durante la Cumbre de Cartagena.

En los hechos, dos supervisores y seis agentes fueron cesados, y a un empleado se le revocó la autorización para conocer material secreto. Y aunque la prostitución sea legal en el país de la misión, como lo es en el caso de Colombia, Sullivan emitió nuevas normas según las cuales los agentes en misión al extranjero siguen sujetos a los límites que establecen las leyes de Estados Unidos, algo que los analistas más agudos interpretaron como un saludo a la bandera, ante la presión de la Comisión de Seguridad Nacional del Senado presidida por Joe Liberman.

Dania leyó en una traducción del *Huffington Post* en Internet que, en lo que ellos llamaban "el incidente" de tener sexo con ella, el agente se llamaba Greg Stokes, era el encargado de la división canina del Servicio Secreto y sería despedido tras "el escándalo que ha ocasionado gran vergüenza al gobierno de Estados Unidos y ha desmoralizado a los miembros de la entidad de seguridad". La noticia afirmaba que este hombre tenía cerca de veinte años trabajando en el Servicio Secreto, en tareas de seguridad presidencial, y que había sido enviado a Colombia para supervisar a decenas de agentes. Y ella se hizo a sí misma el chiste de: Encargado de los perros es obvio que se meta con una perra, ¿o no?

Pero el 28 de abril leyó en la edición *on line* de *El Tiempo* de Bogotá que según una nueva fuente el agente era otro, de 41 años, casado y con dos hijos, de nombre Arthur Huntington, al que un equipo de CNN siguió hasta su casa en Maryland; allí se encontró con un aviso de *Se vende*. Huntington, según la noticia, era el que ocupaba la habitación 707 del hotel Caribe, la contrató y luego se negó a pagarle lo que habían acordado.

14

La creación de registros de bautismo y de estado civil fue tardía, como el uso de la firma como elemento de prueba, cuya existencia no se remonta más allá del siglo xiv. Cuando surgieron los registros, cuando comenzó a aplicarse la firma en los documentos, aquello significó una evolución en el control de las poblaciones, y ninguna persona de conocimiento le atribuyó otro valor más que ese. Pero la gente se fue confundiendo, y asumió lo que representa como una sola cosa con lo que es representado, y el sentido original se perdió.

Nuestra identidad se extiende hasta donde llega la conciencia de ser nosotros mismos, escribió Locke en el siglo xvii. Quien haya conocido a enfermos de Alzheimer en fase avanzada sabe que ya no poseen esa conciencia. Conservan su identidad corporal y cívica, pero ya no tienen aquella identidad personal.

Puede decirse que en Dania es posible observar una especie de transición de ese tipo. Una mujer que va olvidando, en medio de su recordar, y que comienza a despertar a lo que no sabía que podía, y que ya no está dispuesta a olvidar. Los registros de bautismo y demás dirán que es la misma, pero aunque lo afirmen las cámaras, los sensores, los lectores ópticos y químicos que permiten seguir la existencia de cada uno de nosotros y reconocer a un individuo en una multitud, la Dania que era ha quedado atrás, ya no existe.

Es probable que quede en la historia como parte de una de esas duplas míticas, *La chica de Cartagena y el agente secreto*, inmersa en esa saga que va de Adán y Eva a Bonnie y Clyde, Romeo y Julieta, Perón y Evita, Virginia y Pablo, John y Yoko, Minnie y Mickey. Pero esa disolución en la dupla, como en todas ellas, y en todos ellos, no es completa. Hay una fuerza en cada parte que hace que también pesen como solistas en la memoria del tiempo en que han vivido. Y como solista, Dania Londoño no es la excepción.

Por su cuerpo pasaron futbolistas, técnicos de equipos campeones, italianos que alabaron como nadie su *bel culo*, las rodillas levemente separadas, las nalgas altas. Políticos que no escondían sus mañas, que intentaban hasta lo imposible no pagarle. Y con los que Dania se sentía una obrera del olvido, una enfermera atendiendo hombres que deseaban huir hacia adelante porque no entendían su pasado ni el presente al que los ha llevado ese pasado.

También hubo delincuentes momentáneamente adinerados, traquetos jugando a todo o nada, conscientes de que la única seguridad es el instante. Hombres que ofrecían pagarle hasta el doble por hacerlo sin condón, ruleta rusa, juegos de desesperados.

Desnudos son como cualquiera, pensó Dania cuando se enteró de que aquel que no le había pagado era del Servicio Secreto estadounidense, recuerda claramente eso. Pero le cuesta recordar otros detalles, pese al escándalo que ha mantenido aquella noche en el primer plano de su mente. Probablemente porque no quiere. O porque lo normal en la profesión que llevaba es que en una hora se difumine lo que se acaba de vivir entre unas sábanas. Pero este lío mantiene aquella noche anudada, y con el paso de las conversaciones la va desanudando.

En el camino para lograrlo se suceden los accidentes, las anécdotas, los recuerdos. Un cliente le habla de números, otro de arte. La mayoría de los hombres necesitan, más que otro servicio, ser escuchados. Y ella escucha. Y en tanto lo hace piensa en sus uñas o en un vestido que ha visto y ahora podrá comprarse. O una camisa para mi hijo, unos zapatos. Pero si la conversación es interesante ella se entrega y absorbe cada palabra, mientras el hombre, con la cabeza recostada entre sus grandes senos operados desde la adolescencia, habla y habla.

Ella nació en el país de Carlos Lehder, el mexicano Gacha, los Rodríguez Orejuela, los sicarios, las bombas que explotaban a cada paso, los candidatos presidenciales asesinados cuando resultaban incómodos, los guerrilleros de las FARC secuestrando, boleteando, minando los campos. Y cuando tuvo un hijo, este nació en el de Uribe, los Castaño, Mancuso, Don Berna, Macaco, las motosierras tajando campesinos, los paramilitares. Como si todo fuera un deslizamiento perfecto entre una tragedia y la siguiente. Un país que acaba de celebrar doscientos años de independencia, pero en el que ningún colombiano sensato cree en babosadas como esa independencia que enseñan en las escuelas. Unos porque sí, otros porque saben que no hay nada de aquello.

Eso es Colombia. Una mezcla de patria boba y gente que observa, que analiza fino, que piensa, que no traga entero, pero que por alguna razón se somete. Porque le parece inteligente comer callada. O porque comprendió que es mejor ceder para no sufrir demasiado. Para sobrevivir, eso que llaman el rebusque, tan instalado en las costumbres de los colombianos. Rebuscarse los medios para poder darle a la familia alguno de los tres golpes de cada día, desayuno, almuerzo y algo de comida.

Lo cierto es que esa fantasía de "hombre nuevo", en nombre de la cual el Che Guevara quiso hacer diez, cien Vietnams en estas tierras, se hizo realidad como mujer en Latinoamérica. Mujer batalladora, que no le teme a nada, que defiende lo que tanto esfuerzo le cuesta, que se abre paso sola. Y esa mujer que hay en los genes de estas tierras podría ser la explicación más apropiada para la reacción de la muchacha cuando el agente secreto no quiso pagarle.

15

Cada día realizan el acto sexual ciento veinte millones de personas en el mundo, estimándose, a partir de diversas encuestas, que cada hora aproximadamente un millón de personas experimenta un orgasmo. Y, gracias al Atlas Penguin de la Conducta Sexual Humana, sabemos que en el término de una vida hacemos el amor unas dos mil quinientas veces, con un promedio de, por lo menos, cinco parejas diferentes.

Y quien no tiene con quién hacerlo se masturba, o busca cómo, dónde, con quién. Por eso los avisos clasificados de los diarios se derraman en ofertas, proponiendo al hombre solitario gemelas, senos llenos, firmes, erguidos, dientes sanos, chica amable, labios suaves, aliento dulce, dominicana, morbo, pasión y lujuria, conversación animada y alegre, brasileña, temperamento humano y tierno, fui *miss* en mi ciudad, cubana, libre de espíritu, paraguaya, sumisa pasiva, o argentina, carácter dominante, enemas, *bondage*, cuerpo de *top model*, multiorgásmica, ano boquita, todo el placer de mi cuerpo con imaginación y sin prejuicios, difícil creer tanto.

Ofrecen también fantasías, embarazada de siete meses, las posturas más excitantes, bañera hidromasaje, baños de sales, de espuma, de algas relajantes, cama redonda y espejos, calzoncitos comestibles, masajes en los testículos, beso negro sucio y limpio, oral tragándomelo, de mi boca no cae ni una gota, llámame y vente en mis tetas.

El hombre que está solo puede conectarse a millones de sitios en Internet, o comprar un periódico y entrar en contacto con un universo de posibilidades. Hay mucho por conocer en lo que ya conoces, le ofrecen esos anuncios. Lengua pesada y sensual, promete uno, masaje anal birmano ofrece otro, y la tentación sigue y sigue. Belleza polaca, perla salvaje, princesa del vicio, ángel del pecado, 69 inolvidable. Estudiante, cuerpo de cisne, 22 años, rubia, senos espectaculares, labios carnosos, sensual y morbosa. Hago absolutamente de todo, con vicio máximo. Lluvia dorada en mi boca, coprofilia. Te hago estimulación anal con aceite tibio. Llegarás al éxtasis. Te recibo en minifalda, sin nada debajo. Puedo provocarte una erección aunque no quieras. No te arrepentirás. ¿Nos masturbamos juntos? Se aceptan tarjetas de crédito.

El mundo agradable se relaciona con sexo al alcance de todos quienes puedan pagarlo. Lo demás es trabajo, rigor, sufrimiento. Trabajo para poder marcar un número en el teléfono y que una voz sensual, pesada, responda: Te has comunicado con el sitio más excitante y caliente, tenemos para ti las fantasías más ardientes, puedes contactarte aquí con hermosas señoritas que desean conocerte. Caliente y sucio, niño malo. Este es el mejor sexo que puedes soñar, quédate aquí para empalmarte con el sexo más caliente, el más sucio…

En esa realidad del mundo se inserta la historia de Dania y el agente al servicio de Obama, una historia que, en medio de diversos efectos colaterales, trata sencillamente de ese deseo de placer que confunde a los hombres, y de la necesidad o el deseo de dinero que pierde a algunas mujeres.

Dania Londoño, que vista sin entrar en detalles podría ser un personaje de cómic italiano, tipo Milo Manara, una de esas mujeres que al verlas duelen a aquellos hombres que solo pueden mirarlas de lejos, es la protagonista de esta historia de enredos y misterios en torno a un acuerdo incumplido por un agente de la custodia del Presidente de Estados Unidos. Un agente secreto, por tanto anónimo, desconocido, un misterio, en ese universo casi criminal de los que tienen licencia para andar por el planeta asesinando obstáculos.

A favor del agente secreto de Obama se puede decir que, para el común de los hombres, Dania es una mujer que eriza. Afrutada de nalgas, pechos tremendos, sensual, juguetona, te ofrezco dulces caricias, podría promocionarse en un anuncio de aquellos sin caer en mentiras. Su cuerpo escultural retocado evoca una hurí de las que motivan, en parte, al menos, a esos suicidas que vuelan en Bagdad o Kandahar. O de las que esconden en los pliegues de sus pesadillas los muchachos talibanes que aún no han conocido niña. Lo cual, desde cierto ángulo, exime parcialmente de culpas o del rótulo de estupidez a ese agente entrenado para estar en lo peor, pero que arruinó todo por guardarse unos devaluados dólares que había acordado entregarle a ella a cambio de una noche de lo mejor.

Todos damos por hecho que un hombre que va a Cartagena a preparar la seguridad del Presidente de Estados Unidos antes ha sido entrenado en el más alto nivel posible. Nadie duda que ese hombre es parte de la más selecta élite de lo que llaman "la inteligencia", gente que viene de los mejores niveles operativos, Delta Force, Rangers, Seals, CIA, de esos que andan por el mundo parapetados en la apariencia inocente que da el vestir *jeans* y camisetas, gafas oscuras la mayoría de las veces, una *kufiya* palestina para supuestamente pasar disimulados.

Ese hombre tiene a su alcance los más sofisticados sistemas de guerra electrónica, está capacitado para operar detrás de las líneas enemigas, para hacerlo en las peores condiciones, volando a baja altura entre montañas para evitar el barrido de los radares, lanzándose en paracaídas sobre selvas, pasando semanas en territorio enemigo, lejos de la cadena de mando, sin órdenes, con autonomía completa, utilizando métodos similares a los del terrorista más desalmado.

Está capacitado para actuar en operaciones especiales, de esas que el Departamento de Defensa define como "las llevadas a cabo con medios militares no convencionales, para conseguir objetivos políticos, económicos o psicológicos en terreno hostil". Y sabe que una condición fundamental para el éxito de cada operación, como la que tiene en Cartagena, es operar en la clandestinidad, encubierto o con baja visibilidad.

Y ahí se abre como un abanico la pregunta: ¿Qué hacía este hombre en esa discoteca? ¿Y qué hacían sus compañeros de operación, sus subalternos, sus amigos? ¿Estaban en misión de reconocimiento de peligros? ¿O investigaban el territorio de tentaciones que pisaría el presidente Obama?

Para lograr dotar a ese hombre de estabilidad emocional y fuerza, disciplina extrema, madurez para improvisar al vuelo, probablemente los Estados Unidos invirtieron miles de dólares, de esos que pagan en *taxes* todos sus ciudadanos. Lo entrenaron intensivamente, en Carolina del Norte, en la escuela JFK de guerra especial, en el polvoriento Fort Bragg donde entrenan los Boinas Verdes, los Rangers, o en la base naval de Coronado, en California, siempre en condiciones de alta dureza, poniéndolo a sufrir interrogatorios al borde de la tortura, haciéndole saltar a ocho mil metros con botella de oxígeno, en caída libre hasta seiscientos metros del suelo, para no ser detectado.

¿"Error humano" se podría denominar el resultado, este bochorno por no pagarle a una chica en Cartagena los honorarios sexuales acordados? Por casos como este es que hoy muchos piensan que el Servicio Secreto ya no es lo que antes era, lo que el cine aún muestra, mintiendo descaradamente. Y un rictus amargo suele cruzar el rostro de tipos como Clint Eastwood cuando tiene que aceptar que alguien le escupa que a los agentes de la KGB no les ocurría esto, que esos eran duros de verdad, hombres que valían la pena, como decían algunas nostálgicas señoras por los lados de Siberia o Transilvania.

16

Yo estaba planeando mi viaje a Dubái desde noviembre del año pasado. Ahí estaba, pensando en qué ropa me llevaba, qué zapatos, y llegó la noche del día siguiente, y la noticia seguía y seguía, eso era todo el tiempo que ponían la noticia, y el susto se me disparaba a cada rato.

Me iba para el baño, para que mi muchacha no me viera, y me encerraba allí a llorar, a rezarle a una virgencita que tenía en el baño, que ya no sé qué se me hizo, porque todas mis cosas ahora están en una bodega allá, en Cartagena. Una virgencita pequeñita en el baño, en un rinconcito, con un velón encendido, que lo prendo cada vez que tengo problemas, me arrodillo allí. Y esa noche así estaba: Ay, virgencita, llorando, que nadie se entere que yo soy esa prostituta, esa era mi reacción.

Mi preocupación era mi muchacha, porque ella no sabía que yo hacía estas cosas, y es evangélica. Ay, que mi muchacha no vea más esa noticia, pensaba, porque ella estaba pendiente de las noticias, para saber quién era la prostituta. Menos mal me voy a ir de aquí, pensaba yo, hablaba sola, menos mal que me voy a ir y voy a dejar el bololó formado, pero eso después, cuando vuelva, la gente se habrá olvidado, pensaba.

Entonces llega la noche, y aparece en mi casa un periodista del *New York Times*. Yo me estaba arreglando porque iba a salir, y me llama el vigilante: Señora Dania, acá está un señor periodista. Cuando me dice esa palabra, "periodista", a mí se me quería salir el corazón: Dios mío, ¿qué querrá saber este hombre?

Creí que era un periodista de *El Universal*, el diario de Cartagena, y pensé: Ahora le digo lo que pasó, le pido que no revele mi nombre ni foto mía, que sea bueno, que comprenda. Le explico de mi hijito, que no quiero que se entere de nada, y él seguro entiende, y ya se acaba, sabe cómo fue el cuento, que ahí no hay nada, y eso se va a quedar así. Entonces me asomo por el balcón, con mi muchacha, que es la más chismosa, ella quería saber todo: Señora Dania, un periodista. Yo no sé para qué será, le digo, mientras pienso: Esta tonta ahora se va a quedar aquí y va a escuchar toda la conversación, y cada vez estoy más asustada con cómo se me está saliendo de las manos este lío.

¿Cómo se enteró el periodista del *New York Times* de dónde yo vivía? Cuando salgo del hotel, el día del escándalo, me voy en un taxi de los que paran en el hotel, nos lleva a mi amiga y a mí, me deja en mi casa. El periodista averigua, le paga al taxista, y este lo lleva. Así de simple. Y después el mismo taxista se dedica a venderles información a todos los periodistas que le pagaron, y les cuenta con pelos y detalles lo que yo iba hablando en el taxi con mi amiga.

Con este periodista debajo de mi casa yo estaba era asustada. Baje, señora Dania, para que hablemos, y yo: No, señor, suba usted mejor y hablamos aquí en mi casa. No quería que mis vecinos se dieran cuenta, porque yo vivía en un condominio y a esa hora estaban todos despiertos, eso eran por ahí como las ocho o nueve de la noche.

Y hablo con él: Cuéntame lo que ocurrió. Le cuento, le digo que no tengo problemas con nadie, soy una persona normal: Yo voy a contarle todo, señor, pero por favor no revele mi identidad, ni ninguna foto, mire que tengo mi hijo, mi casa, no soy ninguna prostituta, mire cómo vivo, una prostituta no vive así, una prostituta vive en un bar, o vive en un hueco, yo vivo bien, estoy bien económicamente. Yo no sabía ni cómo demostrarle al señor que no era una persona mala, así que hablaba y hablaba, y él: No te preocupes, si me pides que no saque fotos ni saque tu nombre, no lo voy a hacer. ¿Me lo promete? Lo prometo.

Él se fue y yo salí a hacer mis vueltas, y después me vine para mi casa, nerviosa, y antes de acostarme a dormir, así, asustada como estaba, le rezo a Dios para que nada saliera mal. Y a la mañana, temprano, el noticiero, como a las seis, siete de la mañana, *¡última hora!* anuncia, y mi muchacha corriendo a ver las noticias, y yo me le emputo. ¡Apaga ese televisor que la luz va a llegar cara!, fue lo que a mí me salió decirle cuando sentí el sobresalto, como la premonición de que me habían descubierto. Y ella, señora Dania, vamos a ver las noticias, seguro van a decir quién es la prostituta. Ay, Dios mío, yo, encerrada en el cuarto, pegada a la puerta así, para oír si mencionaban mi nombre. Y no lo mencionaron. Dios me quiere muchísimo, pensé agradecida.

Yo siempre digo: Me cubro con la sangre de Cristo, desde la cabeza hasta los pies, lo que Dios quiera, esa es mi palabra. Me entrego a Dios, siempre lo hago, y le pido: Dame inteligencia, fortaleza, poder, dame de todo para hacer lo que voy a hacer. Siempre meto a Dios en todo, y tengo mi Virgen en el baño de mi casa, quemo mis velones grandototes allí, me persigno, le doy gracias, le pido perdón. Y sé que eso me ayuda.

Ya había salido la noticia en el *New York Times* y los otros periódicos ahora se esmeraban en encontrar detalles, y eso comienza a filtrarse. Pero como no decían mi nombre yo digo: Gracias a Dios, mi vuelo sale hoy, yo me largo. Y me fui a Dubái. No me enteré ni de que Shakira cantó el himno de

Colombia y se equivocó en la letra, ni de los chistes que hicieron con eso, ni de que ese error de ella y mi historia con el agente secreto fueron al final los grandes temas de la Cumbre de las Américas.

Dicen que los temas de la Cumbre eran volver a aceptar a Cuba en la OEA y legalizar las drogas para bajarle al trafique, pero Obama dijo no a todo, y todo el mundo chito. Dicen que hubo cinco mil agentes de la Policía Nacional y tres mil más de Cartagena custodiando todo, y que había alta tecnología, cámaras por centenares, robots, perros y ratones antiexplosivos, pero nadie pudo detectar a los agentes que se escaparon del convento y se metieron con las chicas. Todo ese blindaje, toda la tecnología más avanzada, todo el secreto, para nada.

17

Tenía un viaje para Chile, porque me iba a generar dinero. Y me llama mi amigo Tony. Tony llorando, porque él todo lo llora, me dice: Dania, imagínate que en tu casa hay más de treinta periodistas. Yo digo: ¿Quéeee? Sí, ya sales en la televisión, tu nombre y tu foto. Me quise morir.

Le colgué a Tony, no sabía qué hacer. Me voy para el baño corriendo, y a llorar, llorar, el baño estaba por allá lejos, y yo grite, desahogándome, me tapaba la boca, mis piernas temblaban, mi cuerpo temblaba en el baño, Dios mío, estoy acá y todo este problema formado allá, mi niño, mi muchacha, los periodistas asediando la casa con mi hijo.

Ahí, sufriendo en el baño, pienso: Tengo que hacer algo, no puedo permitir que mi hijo vea periodistas, ¿qué hago? Entonces tomo una decisión, me seco la cara, salgo, cambio mi actitud y me siento nuevamente con mis amigos.

Llamo a mi muchacha y le digo: Gorda, ¿tú te acuerdas esa noticia que veías en televisión? Esa soy yo, la prostituta.

Ya medio le había contado, antes de irme, pero ese día le confirmé todo. Ay, señora Dania, yo me lo imaginé, porque la escuchaba llorar y usted no quería que yo viera esa noticia. ¿El niño cómo está? Bien, señora Dania, pero afuera hay muchos periodistas, trepándose a otras casas para ver qué pueden fotografiar, tirados en el piso, porque ellos trataban de ver por debajo de una puerta, tomarle fotos a la casa. No, gorda, alista ropa, alista comida, yo tengo plata en tal parte, cógela, porque yo escondo plata en mi casa en todas partes, hasta en los floreros. Coge esa plata para los gastos, vete para la casa de mis primos y no mandes al niño al colegio durante una semana. Pero ay, señora Dania, es que si salimos el niño se va a dar cuenta. No te preocupes, que yo te voy a mandar un taxi.

Yo tengo un taxi de confianza. Para no boletearme en Cartagena solo usaba ese taxi, y ese es el que llevaba a mi niño al colegio, el que me recogía a mí, el que me llevaba, me traía, ese es mi carro, le doy una mensualidad al señor y él me trabaja. Ese señor fue a buscar a mi hijo y a la muchacha, y cuando abren el portón todos los periodistas se querían meter. Entonces a mi hijo lo cubren como a los niños de Michael Jackson, lo meten al taxi y sale con mi muchacha. Y cerraron la casa. Ahí duraron los periodistas más de una semana esperando a que yo llegara.

Estaba en Dubái, pero no podía estar tranquila, lloraba todo el día. Ahora le digo a la gente que disfruté aquello, pero no disfruté nada. ¿Cómo iba a disfrutar con mi cabeza así de grande, los periodistas en mi casa, mi mamá hospitalizada en Madrid por todo el bololó que se formó?

A mí allá me daba por repasar historias del pasado, que quería dejar atrás. Historias terribles, algunas, aunque cuando las viví no me había dado cuenta de lo horribles que eran. Y pienso que allí en Dubái, recordando, fue cuando empecé a sentir, aunque no era muy clara todavía, la idea de cambiar, de hacer otra cosa. Y luego vino el abogado Abelardo y me propuso montar la fundación y utilizar todo esto para encontrar dinero para hacer eso, para retirarme del prepago y convertirme en otra.

Cuando una vive aquellas cosas que yo vivía es como que se deja llevar por un río de adrenalina, que la mueve para aquí, para allá. Se siente entretenida, ganando plata, y no le presta atención a todos los peligros de esa vida. Especialmente cuando los traquetos nos llevaban para fincas.

A ninguna prepago le gusta ir a fincas porque sabe que a veces pasan cosas, que hay historias de que matan a las mujeres, les pegan, las violan. A pesar de que ellas van a vender su cuerpo, las violan cuando no quieren hacer algo, las cogen a la fuerza, no les pagan. Y una conoce muchos casos por sus amigas, pero igual se expone. Yo me he expuesto, y mucho, porque a mí la plata me ha gustado demasiado. He corrido muchos peligros por dinero, no he sido muy inteligente en eso.

Un amigo me llama un día, que hay una vuelta en Montería, te vienes en un carro expreso con tres amigas, y te pagamos el carro acá, y hay otro carro esperándote para llevarte a la finca. Son dos hombres con mucho dinero, uno que cumple años y el otro, un amigo de él, que le va a festejar el cumpleaños. Y a la más bonita de tus amigas quiero que la metas en una caja de regalos que tenemos lista en la finca, y va a salir desnuda de ahí. Eso va a ser una fiesta bien buena, va a haber un grupo vallenato, me contó toda la situación, que íbamos a durar como tres días en la finca con ellos. Le dije que bueno y acordamos el precio.

Entonces llegamos a Montería, nos recoge una camioneta y nos lleva para la finca. Cuando llegamos a la finca no eran dos hombres, había cuatro, y cuidándolos como veinte o treinta guardaespaldas, todos armados. Seguimos el protocolo que teníamos: mi amiga desnuda en la caja de regalos se levanta, *happy birthday*, y después cantamos vallenatos con unos cantantes muy famosos aquí en Colombia, que le cantan también el *happy birthday* como si fuera un vallenato.

Y ellos allí, creyéndose la verga, que tienen billete, todo, muy bien parecidos ellos, no eran malucos. Y había mucha droga, mucho perico, mis amigas superdrogadas, yo solamente con marihuanita, porque nunca me drogo con otras cosas. Y ahí, sentada en un sofá hablando con ellos, que siempre hablo mucho, hablo de todo, de lo que me pregunten yo hablo, de lo que me cuenten. Cuando estoy trabada a mí me da por hablar, y hable y hable.

Me contaron lo que hacían, todas las cosas, de pronto de sobrados o para tantearme cómo respondía. Y en eso veo a mi amiga, la que estaba desnuda en la caja de regalos, que era la más extrovertida, muy mal, sin colores, sudaba y sudaba frío, le dio taquicardia de tanto perico. Le digo a uno de ellos: Ay, gordo, yo a mi amiga la veo muy mal, y él me dice: No la podemos sacar de acá, ¿cómo vamos a llevarla a una clínica? No podemos llevarla, mis escoltas tampoco, se meten en problemas, y ustedes también. Más bien vamos a hacer que venga un médico de Montería a la finca y la trate, ella lo que está es sobrepasada de droga.

La bañamos, la ponemos a tomar agua, no sabemos qué hacer, ella está como convulsionando, le está dando una cosa rara, y en eso viene un médico, la atiende, la acostamos, que no la dejen consumir más, que vine justo a tiempo, y así, se recuperó. Se fue el médico, y en todo eso otra de mis amigas coqueteándole a los escoltas, la muy perra, y uno de los dueños de la fiesta me dice: Dile a tu amiga que se venga para acá, y yo primero me reboto: Díganle ustedes que son los que le están pagando a ella. Dania, que dile a tu amiga que se venga para acá, y que si se quiere comer a los escoltas se los coma después.

Entonces yo le grité, normal: Gorda, vente para acá, no le dije más nada. Ella se vino, y ya, todos frescos, las tres hablando con ellos, bailando, riendo, comiendo, y en una de esas, al rato, mi amiga otra vez allá, coqueteando con un guardaespaldas que estaba chévere. Y uno de los tipos, ya drogado, se para, le quita el arma a uno de los escoltas y le pega un tiro al que estaba coqueteándole a mi amiga. A ella no le hizo nada, pero esa pelada quedó como en *shock*, y los escoltas se llevaron al que recibió el tiro. Y él nos dice: Métanse a la piscina, métanse, no ha pasado nada, sigamos la rumba.

Nosotras quedamos espantadas, nos metimos en la piscina y ahí nos quedamos, temblando, pero haciendo como si nada hubiera pasado, aunque pensando: Nos van a matar aquí, somos testigos de esto que vimos... Entonces ellos, autoritarios: Sálganse. Y nosotras nos salimos, así, obedientes: Métanse, sálganse. Y eso apenas era el primer día, nos faltaban dos días más, qué vamos a hacer, y la otra mal, la acostada. No lloren, no hagan comentarios, hagan como que estamos acostumbradas a esto, relájense, les digo yo, que siempre soy como más calmada, y pienso más y analizo las cosas, y como soy así, me es más fácil ver cómo manejar una situación. Yo he visto muchas veces eso, que le disparan a alguno y todo sigue normal, y mis amigas también, sino que ahí eso había ocurrido por la otra bandida, que le estaba coqueteando a ese hombre, y casi que lo más lógico hubiera sido que le dieran a ella.

Ellas estaban nerviosas, lloriqueaban, entonces le digo a uno de ellos: Ay, mi amor, vamos a ir a las habitaciones para secarnos y ponernos bonitas para ustedes. Ah, bueno, nenitas lindas, vayan y arréglense. Las entro en la habitación y les digo: Ahora sí, si quieren métanse al baño y lloren, pero cuando salgamos tienen que estar como si nada. Y voy adonde estaba la otra, la que se sentía mal, y me dice: Ya estoy mejor. Bueno, mira, arréglate que allí le han dado un tiro a un tipo y le pudieron haber dado a nuestra amiga también, así que mejor ponte linda y salgamos bien, todo normal. Yo regañando, organizándolas, porque a veces me tocaba así, como hacerme cargo del grupo, como la más consciente.

Y bueno, nos quedamos ahí, duramos los tres días, como si nunca hubiera pasado nada, felices con ellos, y ya no nos importaba el otro tipo, el que recibió la bala, ni nada. Porque cuando estamos trabajando así somos de malas y cínicas. Yo ahora es que me pongo a analizar esas cosas y digo: ¿Será que se murió aquel guardaespaldas? Pero en ese instante una estaba en el momento que seguía, sin mirar atrás, solo el presente, lo que había.

Otro día me llama un amigo: Dania, para que salgas para una situación con unos amigos, para una finca, tienes que viajar a Medellín, pero te quedas en Rionegro. Yo le digo: ¿Cuánto me van a pagar? Lo mismo de siempre, *baby*, un millón por día, son dos días, ¿qué más quieres? No, yo me muevo si es un millón quinientos por día, le digo, porque me sale la ambición del dinero, y le doy el argumento de que tengo que dejar mis cosas aquí arregladas, pero en verdad es para vencer la resistencia al peligro. Ah, bueno, tres millones, pero me das lo de siempre, el veinte por ciento.

Entonces quedamos y ya estoy en eso, me compran los tiquetes y salgo para Rionegro. Ahí me llevan a una finca donde hay otras niñas, paisas, nunca las he visto antes, muy lindas, demasiado lindas, y están ahí, drogadas, empericadas, bailando, chéveres, ellos escuchando música, y mucha cocaína en las mesas. Todo el mundo metiendo, no había vergüenza ninguna, y sé que eran traquetos porque una analiza, andan escoltados, se creen la verga, son jóvenes, todo es obvio.

Ellos se creen lo máximo, y quieren obligar a las mujeres a hacer cosas que a veces una no quiere hacer. Sexo sin preservativo, sexo anal, sexo oral sin condón. Una a veces no quiere hacer esas cosas; por ejemplo, yo no hacía nada sin preservativo, a mí no me gusta hacer sexo anal. Entonces ellos dicen que esa no es la gracia, pero una ahí debe plantarse, decir que no me importa, esas son mis condiciones y si las aceptan bien, si no también. Pero ellos quieren forzarla a una a hacer cosas, que se bañe desnuda en la piscina, que se toque con otras niñas, que haga esto, que haga aquello que a una no le gusta. Y toca hacerlo, porque vives de eso y te dicen que te van a pagar más, te tientan con la plata, métete a la piscina en bola, no seas boba, mira que te damos más plata. Bueno, pero me dan la plata por adelantado, dices, ya te entregas. Y te la dan, guardas la plata, te desnudas y te metes a la piscina.

El límite es la plata. Cuánto ofrecen. Pero hay límites que una no negocia, lo del condón, por ejemplo. Eso no lo negocié jamás, así me pusieran toda la plata del mundo, porque yo he vivido experiencias de ver personas con VIH, le tengo mucho miedo. Hasta con mi propio novio yo no lo hago sin preservativo. Otro límite es el ano, sexo anal, nunca.

Las otras cosas las hice, como tríos, cuartetos, besarme con mujeres, y hasta drogarme lo he hecho, por dinero, eso de que necesitan que todos estén en lo mismo, como para no sentirse solos en el vicio, me imagino. Que métete un pase, y yo no, que no quiero, que yo no meto, y ellos que te pagamos, y yo bueno, denme la plata. Y ahí engaño, hago que me meto un pase y no lo meto, lo muevo, lo riego. Y como están drogados creen que me lo metí y contentos.

Otra vez desagradable fue en una cárcel de Barranquilla, El Bosque, con un político de esos que están presos por haber hecho acuerdos con los paramilitares. Me tocó mandar una foto por el *pin*, para que el político que estaba ahí encerrado me conociera, y viera si le gustaba. Él ve la foto, me aprueba, llego a la cárcel del político, que está ahí dentro porque tiene privilegios, y tomamos, bailamos, nos reímos, como si no estuviera en una cárcel. Tengo sexo con el hombre y después salgo como si nada, pero los guardias me miran y me babosean con los ojos, y yo ahí caigo en cuenta de lo repulsiva que ha sido la vuelta.

Y también están esos casos en que no te pagan, como lo que me ocurrió con el agente secreto, que te tumban. Por ejemplo un día, un hombre llama a mi mánager: Oye, vengo recomendado por un señor que salió con una de las niñas tuyas, con Dania, mira, yo soy un hombre muy reservado, ¿por qué no vamos a un lugar y hablamos en privado? Ese hombre, que andaba en un carro blindado, con chofer, que era un pelado joven, paisa, como de unos 26 años, se reunió con ella, se veía que tenía todo el billete, y ella le dice: Bueno, mi niña por todo el día te va a cobrar millón quinientos. Él dice que está de acuerdo, y ella me llama: Mira, Dania, hay un *tiqui tiqui*, para que te arregles y todo el cuento, para salir con un pelado, te va a pagar millón quinientos. Ah, regio.

Me visto, me pongo divina con mis gafas Technomarine, mi bolso, ropa de tarde, mis *shores* en lino, no vulgares, bonitos. Me maquillo un poquito, y me viene a buscar ella con él, a mi casa, en su carro blindado. Me cayó superbién el hombre, y como estaban pasando el partido, creo que del Real Madrid con otro equipo, me dice: ¿Te gustaría acompañarme a ver el partido? Ay, sí, vamos al bar de un amigo. Cuando estamos en el bar: ¿Qué quieres tomar? Whisky tomamos, pedí picada, llamamos a unas amigas mías, a amigos, hicimos el megaparche, el hombre encantado con mis gafas, que su mujer tenía unas muy parecidas a esas, que no sé qué, y me pregunta: ¿Cuánto te costaron estas gafas? A mí me costaron dos millones, me dice, ¿cuánto te costaron a ti? Un millón ochocientos. Ah, ya.

Yo tenía un celular, un Galaxy, y él me dice, ya después de estar dos horas: Oye, regálame un minuto que mi teléfono está descargado y tengo que llamar a mi jefe, que me voy a reunir con él aquí a la vuelta. Habló, y después me dice: Tú me caes superbién, quiero que seas mi noviecita, ¿qué quieres para tu casa? Y yo: Ay, quiero un cuadro divino que vi, cuesta cuatro millones de pesos, estoy ahorrando para comprarlo. No te preocupes, mañana vamos y te lo regalo.

Yo me lo creí, me puse contenta. ¿Y qué más quieres? Una lámpara así, de esquina, que son divinas, todas así, le digo, porque a mí me gusta vivir bien, una quiere que su casa esté hermosa, es mi templo, mi hogar, y por eso le pedí esa lámpara. Mañana la compramos, me dice, y entonces me pide: Gorda, acompáñame aquí a la vuelta, a la reunión con mi jefe.

Dejamos a mis amigos y mis amigas en el bar, y cuando llegamos al restaurante, donde supuestamente era la reunión con su jefe, no está. Me pide el teléfono para hacer otra llamada, a ver qué ocurre, y yo entro al baño. Cuando salgo el hombre se ha ido, pregunto, lo busco, vuelvo al bar, y me dice el chofer: Señorita, ¿dónde está el jefe?

El carro era de un alquiler de esos con chofer incluido, y la tarjeta que había dejado para el alquiler resultó que era falsa. Nos robó a todos. Me robó las gafas de dos millones, que no sé en qué momento las cogió, se llevó mi celular de un millón y pico, y me dejó la cuenta del bar de mi amigo. Yo, confiada, había estado pidiendo Buchanans 18 años, de todo. La cuenta dio como setecientos mil pesos, creo, y me tocó pagarla solita.

18

Después de que se separó de mi papá, mi mamá volvió a salir con un hombre que conocía de niña, y que ahora era el gobernador de San Andrés. Ellos habían sido novios desde pequeños, pero se dejaron de ver. Cuando estaba con mi papá ella no volvió a ver a ese hombre, pero cuando se separó hubo ese reencuentro entre ellos.

Él estaba bien económicamente, era un hombre importante, y como los jefes de mi mamá estaban vendiendo la floristería donde ella trabajaba, entonces él compra esa floristería para mi mamá. Y ella me dice: Si fueras un poco más inteligente, Dania, te meterías en la floristería conmigo, porque eres una niña muy pila y yo estoy necesitando gente, y si aprendes a manejar la moto podrías ir y cobrar. Yo sé manejar moto, le digo. ¿De dónde?, me pregunta ella. En el colegio aprendí, le digo. Ah, bueno, ¿tú eres capaz de ir a cobrar unas facturas que tengo que cobrar, pues no puedo dejar la floristería sola?

¿Cómo se cobra?, pregunto, enséñame y yo lo hago. Mira, estas son las facturas, y me indica todo lo que se tenía que hacer, y que vas y dices que tú eres mi hija y vienes a cobrar. Mi mamá tenía creo que todos los contratos de los hoteles en

San Andrés, el Casablanca, Los Delfines, Sol Caribe, Sunrise, ella les proveía las flores para decorar, entonces yo iba a todos esos hoteles a cobrar en mi motico, y era feliz en esos días. Y después iba al banco con los cheques, a consignarlos, que ya sabía endosarlos, todo eso hacía.

Yo era pilísima, desde peladita fui muy pila con todo esto de la plata. Y vendía papitas en la floristería, dulces americanos, y vendía en el colegio, en el descanso, y los cobraba más caro y así tenía mi plata. Mamá me premia, ve que me gusta el negocio y me monta un cosito de helados, para que venda mis helados, y: Ay, hija, cómo me estás ayudando, vete en la moto para el colegio, así ya no te vas en bus. Eso fue lo peor. Ya ahí quedé, de verdad, descontrolada. Al tiempo mi mamá me quitó la moto, porque supo que me comportaba cada día peor.

Tenía 14 años y mis compañeras mayores me decían: Vamos a coger chance, a pedirles a los carros que nos lleven. Ay, bueno, qué chévere. Mi mamá me daba la plata para el transporte, pero eso era algo divertido para nosotras hacerlo. Y ahí conocí un hombre. Nunca, gracias a Dios, me pasó nada malo cogiendo chance, al contrario, todo bien. Pero ahí conocí a un hombre, que ya murió, que se convirtió en mi novio.

Yo era una niña, y él tendría unos 30 años, y me hacía regalos, me daba dinero, ropas, cosas que a mí me gustaban. A mi casa no podía llevar nada de eso, porque mi mamá me iba a preguntar, entonces lo que hacía era regalar la ropa, los zapatos, y volver a casa tal como mi mamá me mandó al colegio. Pero a veces no iba al colegio, sino que me quedaba con él, en su apartamento. Él me decía que no era casado, y yo le creía, me hacía caricias, me daba besos. Y me daba juguito de naranja, decía él, pero a mí me sabía un poco raro, y era que le ponía alcohol, después fue que me di cuenta. Salía de ahí mareadita, pero rico.

Él me decía que quería hacer el amor conmigo, y yo que no, que todavía no estaba preparada. En ese tiempo tenía 14 años, y por mala que fuera, por mucho que me creyera la avispada, yo era virgen, mis maldades eran otras, cosas como fumar, vainas así. Yo no sabía de sexo, y le tenía miedo a eso.

Mis amigas venían con nosotros porque él tenía carro, y todas felices con el novio de Dania, todas alcahueteándome todo. Y entonces un día, ya después de mucho tiempo de estar saliendo con él y estarme haciendo regalos, yo solita con él en el apartamento, me dice que tomáramos licor, ron. Y ahí él me utilizó, yo no fui consciente en ese momento, porque estaba ebria, eso lo analizo ahora, pero en ese momento no pillaba qué estaba pasando. Yo me puse mal, a llorar, me dolió mucho cómo me lo hizo, fue feo, pero él me dice: Dania, eso es normal, eso les pasa a todas las mujeres la primera vez.

Pero es que yo no quería, le decía, y él: Pero es que los novios son así, no seas boba, y no le digas nada a tu mamá, estas son cosas tuyas y mías. Y seguí con él, porque estaba enamorada, mi amor de niña. Entonces mi mamá se pilla que yo estoy andando con ese hombre, y yo: No, mamá, él es mi novio, fue mi reacción. Tú no te das cuenta de que ese hombre está abusando de ti, me dice ella, y va y le pone una demanda, lo denuncia en Bienestar Familiar y en la Policía.

Cuando mi mamá hace eso me voy de la casa, la Policía buscándome, tres días perdida, con él, que me tiene metida en una casa primero, después en un hotel. Me tenía secuestrada, con mi acuerdo, y mi mamá haciendo aquel alboroto. En el aeropuerto, en las clínicas había pegados papeles con mi foto, un escándalo, y yo le decía a él que no quiero ir a mi casa, mi mamá me engañó con que mi papá no era mi papá, no quiero verla más, quiero estar contigo. Yo tenía todos los sentimientos revueltos, habían matado a mis amigos, él me había hecho eso, mejor dicho yo estaba como aburrida de la vida, siendo una niña, una adolescente.

Mi mamá decide separarse de mi papá porque cae en cuenta que él está consumiendo droga, perico, cuando él le comienza a dar palizas, le pega duro, y un día lo cogen preso. Ahí nosotras íbamos a visitarlo, aunque ya estaban separados, y mi mamá le lleva que la comida, que la ropa. En ese lugar donde lo tenían, para una entrar, así sea niña, la requisan, y un día que voy, no recuerdo si era mujer u hombre, pero yo sentía que el policía me tocaba los senos, mi culito, mis partes. Yo salí corriendo ese día, y más nunca quise volver a la cárcel.

Pero todo me lo callaba, nunca le comenté nada a mi mamá. Ahora analizo ese momento, mi novio que me utiliza, siendo mayor y yo una niña, y después en esa cárcel visitando a mi papá me tocan. Luego voy a pedir trabajo y los hombres me miran con morbosidad, me babean con los ojos, y ahí es donde creo que empieza el gusanito de preguntarme: ¿Por qué no voy a explotar mi cuerpo, si todo el mundo lo que está es pendiente de esto que yo tengo?

Al hombre aquel que me había usado lo matan al tiempo. Las malas lenguas dicen que él era lavador, lavaba dinero narco y negociaba con drogas. Pero él tenía tiendas también, muchos negocios, y era casado. A mí me dolió que fuera casado, de eso me enteré un día que estaba bañándome en la playa con mi hermanito y llega la mujer de él a reclamarme, yo siendo una niña, viviendo esa experiencia de una mujer riñéndome por un hombre. Yo no sabía ni qué hacer, cómo defenderme, me quedé callada, no dije nada. Y mi mamá diciéndome que yo había sido utilizada por él, que era una niña menor de edad, y él era grande, pero yo no lo veía así, porque ese hombre me tenía la cabeza dándome vueltas.

A mi mamá le comienza a ir mal en la floristería, los contratos de vender flores a los hoteles se le caen, yo con el problema de ese hombre, y mi mamá un día dice que va a vender la floristería. La vende, y le sale una oportunidad de trabajar en España. La situación económica en San Andrés estaba mala para ella y no estaban pidiendo visa en esa época. Y ella tenía una amiga allá. Entonces vende la floristería y se va, y nos deja en Córdoba a nosotros con mis abuelos maternos y unas tías.

Mi hermano la pasaba recogiendo mangos, le gustaba montarse a coger mangos en los palos, las ciruelas, las frutas, el limón, le encantaba la naturaleza. Él pasaba metido en el monte y venía a la casa con sus bolsas llenas de frutas: Mira, hermana, lo que te traje. Estudiaba y pasaba en el monte, sucio siempre, y él era moreno y tenía todo esto, alrededor de la boca, amarillo de tanto comer mango.

No sé qué pasaba con la plata que mandaba mi mamá. En la casa de mi tía no había casi nada para comer, y además yo no podía cocinar, porque mi mamá me había enseñado, pero yo no sabía cocinar en leña, porque en los pueblos se cocinaba en fogón. Mi primo venía tarde del trabajo en el monte, él la pasaba allá, cortando leña, regando el maíz, regando el arroz, trabajaba de campesino. Pipo, le digo a él desde niña, y yo le decía: Ay, Pipo, no hemos comido, tengo mucha hambre, porque la tía no compraba comida, no nos compraba ropa, nada. Entonces mi primo compraba arroz, compraba queso, y eso comíamos.

Lo peor es que le digo a mi mamá que la plata se está perdiendo y ella no me cree. Claro, no me creía a mí porque yo era tremenda, entonces mi mamá decía: Esta es otra historia de esta hijueputa pelada. Yo pensaba qué voy a hacer con mi vida, tengo que hacer algo. Entonces veo que mi tía tenía un perfume finísimo, que había comprado para un hombre. Y le cojo el perfume y lo vendo ahí cerca, en el barrio, lo ofrezco y me lo compran, digo que me lo envió mi mamá de España.

Me le robo el perfume y lo vendo, y digo con esta plata voy a hacer un negocio. Yo era muy niña, a pesar de todo lo que he vivido siempre he sido una niña, sigo siendo una niña... Entonces junto a todas las peladitas de por ahí, que vamos a hacer un negocio, vamos a vender peto, leche con maíz, y canela. Ay, sí, sí, todas. ¿Quién sabe hacer peto?, preguntaba, y una: Yo soy experta haciendo peto. ¿Quién es buena en matemáticas? Y otra: Yo. Bueno, tú vas a llevar el negocio, y yo que pongo el capital voy a coger la plata y después les pago a ustedes.

Y mi hermano dice: Yo vendo el peto. Así que con la plata del perfume de hombre hacemos la olla de peto, compro el maíz, la leche, azúcar y canela, y una olla grande para el peto. Y mi hermano sale con otro niño a vender peto: *¡Peto, peto!*, y vuelve con su olla limpia desde el primer día. Después le agregamos empanadas al negocio, porque ya había más plata para hacer más negocios. Y yo administraba, y le decía a mi hermano: Como te tomaste un vaso de peto te lo voy a descontar de la plata que te toca, y le descontaba, porque era mi negocio. Yo era terrible, malísima.

Hasta que a mi mamá, que estaba en Madrid trabajando de empleada en una floristería, la llama una vecina, o algo así, y se entera que yo tenía a mi hermano vendiendo peto y empanadas. Y ahí se entera que algo raro pasa con la plata que ella manda, y llama a mi tío en Cartagena, el hermano de mi papá, y le pide que nos recojan y nos lleven a Cartagena.

Ahí es cuando conozco al papá de mi hijo, que tenía un locutorio, sala de Internet y llamadas, en toda la esquina de la casa de mi abuelo, y yo iba allí a llamar a mi mamá a España. Lo conozco y me quedo enamorada del hombre.

Después me fui de la casa de mi abuela, porque le dije a mi mamá que la abuela era grosera, y ella: Bueno, vete a vivir a una pensión, yo te pago la pensión, pero estudia, que es lo importante. Y yo que sí, pero mentira, lo que quería era estar con este novio, porque estaba enamorada de él, del papá de mi hijo.

Él me coge con el trauma, esa violación, que yo la considero así, algo que no le he contado a nadie hasta ahora, solo a mi amigo Tony, que tiene esas cosas de tomárselo todo a risa, y entonces me dice: Bacano ser violada. Él es así, me saca del drama con una sola risa. Pero aquello con ese hombre me dejó marcada cuando ya fue lo de acostarme con el papá de mi hijo. Yo no quería que él me tocara, no me sentía bien, fue difícil, era el segundo hombre con el que iba a estar, solo conocía lo que el otro me hizo.

Pero finalmente nos comemos y quedo embarazada. Él era muy especial conmigo, me trataba bien, y me hacía cosas que a mí me gustaban, me divertía con él. Fue con él cuando comencé a conocer sexo chévere.

Cuando salgo embarazada, la señora de la pensión llama a mi mamá, a España, y le dice: Acá está su hija, embarazada. A mi mamá se le viene abajo el mundo, claro, yo tenía 16 años, y se viene ella a los días de que se entera, y estoy ahí hablando con mis amigas en la pensión. Llega mi mamá y me asusto, y ella me da una cachetada grande, que yo lloré con esa cachetada: Dania, tú no cambias, ahora embarazada, ¿qué piensas hacer? Yo le digo que qué voy a hacer, pues tenerlo. Obvio que lo vas a tener, ¿qué crees?, empieza mi madre a pelear, y que recoge tus cosas que te voy a llevar para donde el padre de ese bebé, sin saber él nada, llámalo.

Yo lo llamo, y él era un pelado, de 30 años pero un pelado, y yo una culicagada cuando eso, y le dice mi mamá a él: Vamos para la casa tuya. Y me lleva para la casa de él, mis suegros sentados en la sala viendo televisión, y les dice mi mamá: Buenas, aquí les traigo a mi hija porque ella está embarazada de su hijo. Yo decía: Trágame tierra, qué vergüenza. Y nada, me quedé ahí desde el mismo día, porque ellos dijeron: Ah, bueno, está embarazada, qué bien, es la novia de nuestro hijo. Gente humilde, me aceptaron, y es la hora de hoy que me adoran, a pesar del escándalo y todo, mi hijito ahora está con ellos.

Y viví con ellos, y mi hermano estaba donde mi abuela en Cartagena. Entonces un día les digo a mis suegros: Ay, yo tengo a mi hermano y me lo quisiera traer para acá, porque estoy embarazada, me siento muy sola y quisiera estar con mi hermano. Bueno, Dania, está bien, así no están separados, vamos a vivir apretados pero nadie afuera va a saber lo que pasa aquí adentro.

Me sentí apoyada, y llamo a mi mamá, contenta: Mami, imagínate que esta gente me quiere tanto que me deja traer a mi hermano para acá. Ay, hermanita, qué chévere, decía mi hermano. Entonces mi mamá me mandaba la plata para el colegio, para los gastos, y yo le daba a mi suegra: Toma para la comida, o hacía mercado yo misma. Y a mi hermano le salieron los documentos, la visa para irse a España, que ya pedían visa, y yo ahí ya tenía a mi hijo, y mi mamá: Mira, tengo una mala noticia, salieron los papeles de tus hermanos pero los tuyos y los del niño no.

Yo dije: Me quedo sola en el mundo, porque mi familia es mi mamá, mi hermano, mi propia familia, entonces Wilson, el papá de mi hijo, me dice: No, Dania, tu familia ahora soy yo, nosotros ya somos otra familia, que es nuestro hijo y nosotros dos. Pero no me hacía viviendo con él, yo decía: Apenas el niño esté grande me voy de aquí. Ya desde cuando estaba embarazada yo decía: Apenas tenga a mi hijo me voy. Tan bueno él, pero yo pensaba otras cosas para mi vida, quería terminar mis estudios, tenía muchos sueños, y uno de esos sueños era ser doctora y darle un buen futuro a mi hijo. Yo ya no era la loca esa que era antes, ahora pensaba como mamá.

19

La civilización es una derivación de la agricultura, le contó a Dania un cliente de los que la llaman más para conversar que para jugar con el sexo. Y le explicó que eso ocurrió después de que se fue dejando a un lado al cazador nómada y el sedentario entró a dominar el rebaño. "Un hombre muy raro que me hablaba de que en un momento empezó a matar sin misterio, ante todos, fusilando en la plaza, ahorcando, y permitiendo que las mujeres se excitaran con eso", evoca Dania. Y recuerda que el hombre le contó que en esa época alquilaban balcones sobre esas plazas donde ejecutaban, balcones donde los hombres invitaban a chicas como ellas a ver mejor el espectáculo, y en los que las tomaban desde atrás, en el esplendor de la excitación al ver caer al ahorcado. D espués aquella sinceridad para hacer las cosas se olvidó, decía ese hombre. Se sigue matando, pero a escondidas.

"El hombre me explicaba que la vida se puede vivir en casa, bosque o selva. Que la selva muere hace mucho tiempo, y luego llega el bosque, y en un momento, antes de la Edad Media, que no se muy bien cuándo fue, se inventó la cama, para que la gente dejara de tirar como lo hacía. Porque antes la gente, así como comía y cagaba en cualquier parte, también tiraba en todas partes. Y me contó algo muy interesante, y es que al mismo tiempo que la cama se puso de moda, como si dijéramos, también se comenzó a utilizar la mesa, para que la gente hablara, más que para comer. Antes de la mesa la gente no hablaba mucho. Y lo de la cama fue para ponerle orden a la tiradera, porque la gente tiraba en cualquier parte y todo el tiempo".

A Dania le agradan los hombres mayores, porque le gusta recibir conocimientos, y a esos hombres les gusta darlo. Y aquí Dania hace un comentario recurrente, que aunque es de hablar mucho, le encanta escuchar cuando siente que lo que escucha le agranda la mente. Como cuando un arquitecto le habló de la curva en la arquitectura de las grandes catedrales europeas, que antes las iglesias eran todas rectas, como si negaran el cuerpo de la mujer, de la madre Iglesia.

Una aprende mucho con algunos hombres. Con otros solo pierde tiempo, aunque gane plata. Tuve un cliente que me hablaba de lo sexual como algo que muchas veces en la historia ha sido así, subversivo, que siempre ha dado miedo. Me contó de una vez que en una fiesta rifaron a una mujer, una divina, la vagina, el culo y la boca, todo. Y el que ganó huyó, asustado, porque no podía superar ese miedo, que es como el de la gente al abismo, que solo si les ponen una baranda se animan a acercarse, y eso a veces. Y me hablaba del circo, de que la mujer en los caballos atraía a los hombres y los asustaba al mismo tiempo, igual que la trapecista. Me hablaba de que hay un poder como el de los imanes, en esa distancia que hay al sexo de la hembra, que aterroriza.

Algunas veces tengo clientes inteligentes, aunque pocas veces tan interesantes como aquel. Cuando aparece uno de esos, además de hacer lo que vamos a hacer, hablamos, o me habla él y yo lo escucho. No es que le preste atención a todo, pero retengo cosas, y a veces las pienso después de que el hombre se ha ido. Recuerdo a uno que me hablaba del misterio que había en la atracción sexual de las modelos, las presentadoras de televisión, las estrellas. Y decía que esa atracción a veces provoca violencia, violaciones, y que por eso aparece al principio de las películas ese cartelito que dice: "La siguiente película contiene escenas de sexo y violencia". Porque la atracción sexual y la violencia son las dos mitades de un mismo peligro, decía él.

Aquel señor me contó de un tipo que estaba escribiendo un libro sobre la violación, que ningún editor quería publicar porque es muy duro, porque el escritor no decía esto es bueno, esto es malo, no juzgaba, solo trataba de entender qué pasaba con eso.

Sobre la violación yo muchas veces me quedo pensando en lo que me cuentan amigas que han sido violadas, que el violador les hizo sexo anal y vaginal varias veces, que las obligó a chuparles el pene, que se los pasó por la cara, y que después, cuando comen, cuando beben, les vuelve eso… Ese tema de la violación es muy fuerte.

Tuve otro cliente que me decía que cuando veía en *El Tiempo* o *El Espectador* una noticia sobre alguna violación, él no podía evitar hacerse la paja. Y me contó que tuvo una novia que fue violada, y que el fantasma del violador vivía en ella y se lo trasladaba a él. Que nunca pudo tirar bien con esa novia, que era difícil vencer la sensación que le provocó aquel hijo de puta, la marca que le dejó. Porque se la tiró de una manera a la que un hombre normal nunca se va a animar, porque siempre lo va a hacer por las buenas, mientras que el violador lo hizo como quería, sin medir, sin cuidar. Se la metió hasta la garganta, se la metió por el ano, un horror, la hizo gemir, la hizo sentir a lo animal, cosas que todos los hombres quieren, no con violencia, pero quieren y nunca van a lograr.

A mí también me violaron, aunque no de golpe, a mí me lo hicieron preparándome, haciéndome caer solita. Fue un hombre en San Andrés, que me fue sacando de a poquito la confianza, hasta que *¡zás!* Pero la mayoría de las violaciones son en la familia, el abuelo que le mete el dedo a la niñita, después un primo, el tío, el hermano. A una niñita no la puedes dejar sola con nadie, ni con el amigo de la madre, el cuñado, el tío, todos un día van a querer cazarla. Y creo que tiene que ver con la prohibición que hay, y con las ganas de burlar la prohibición, que siempre la prohibición trae eso. Eso de que no se puede tirar ni con tu papá ni con tu mamá, ni con tu hermano o hermana, ni tu tío, ni tu tía, ni el abuelo o la abuela, ni con el padre de tu hombre, ni con la mujer del amigo… No hay una ley escrita que lo prohíba, creo, pero eso no se hace y ya. No hace falta ley. Cuando un tabú es tan fuerte no hace falta la ley, dicen.

Cuando eso funciona, cuando la familia lo respeta, que eso no se hace, y lo respetan las familias vecinas, entonces el hombre sale a cazar afuera, donde están las familias que no tienen lazos con él. Sale a cazar al enemigo, a la mujer de la otra tribu, a la gente que no es cercana. Y está la violación por autoridad, el maestro, el sacerdote, el profesor, el policía, aprovechando el poder. Y lo peor de las noticias de violaciones, del tipo que viola a diez, a veinte, que les introduce el pipí por todos lados, es que nacen nuevos violadores de eso. Porque otros tipos que hasta ahí estaban sanos, sienten deseo de hacer lo que no hicieron, o a las que no pudieron hacérselo.

20

Lo que ocurrió aquella noche de abril hizo de Dania una mujer famosa, y al mismo tiempo la idealizó como objeto de deseo. Manteniéndose en el mundo de las prepago su vida pudo haber tomado un curso profesional de mayor nivel, evolucionando a modelo para la publicidad de productos de *sex shops*, actriz porno, juguete del *jet set*, en el mundo del sexo como diversión. Pero se le aparecieron dos personajes que la sorprendieron, y supo apreciar lo que ellos vieron como posibilidades a su favor, y a favor de su hijo.

Esos ángeles, como ella los sintió cuando aparecieron en su vida, le mostraron un horizonte que, aunque alguna vez lo había sentido como un ideal de sueño, nunca lo creyó posible. Y con sus consejos le ayudaron a enfocarse en una dirección nueva. El periodista radial Julio Sánchez Cristo fue el primero, cuando la contactó y le mostró el valor que podía tener enfrentar al mundo y contar su versión de lo ocurrido. Al escuchar sus dudas, sus temores, sus vacilaciones, al tiempo que evaluar lo delicado de la situación, que involucraba al Servicio Secreto de Estados Unidos, y que en particular significaba la violación del blindaje en que se suponía operaba ese Servicio, Julio le recomendó tomar un asesor legal de alto nivel. Y le dio un nombre, que fue la clave del cambio en la vida de Dania, en su proceso de curarse del pasado, lo que ella ahora siente que está ocurriendo.

Y ahí apareció su segundo ángel, vestido de abogado, Abelardo De La Espriella, que más que su apoderado legal se convirtió de inmediato en su guía para comenzar a caminar el nuevo camino que muchas veces había soñado y que ahora las circunstancias ponían a su alcance.

De La Espriella la escuchó, evaluó el escenario, vio la fragilidad emocional de la mujer, comprendió el peligro latente en una demanda que había cursado otro abogado contra ella, acusándola de conspiración, y decidió asumir el caso de forma completa. Esto es, más allá de lo estrictamente legal, como uno de aquellos casos que Lawyers, su estudio de abogados, asume como compromiso social.

A partir de ese momento De La Espriella comenzó a mostrarle a Dania las posibilidades que la situación en general, y cada momento en particular, abrían para ella. Y a insinuarle las decisiones más convenientes para su futuro y el de su familia, una vez su doble vida había quedado expuesta ante toda la sociedad en que ella vivía. Así la condujo entre las negociaciones con el mundo del sensacionalismo periodístico, le aconsejó rechazar las tentadoras ofertas que le proponía la industria de entretenimiento para adultos, y le fue ayudando a componer los fragmentos de su idea de una fundación para ayudar a las mujeres que en la calle ofrecían su cuerpo para el desahogo sexual, en condición prácticamente de mendicidad.

Guiada por el abogado, y mientras empezaba a recibir ingresos por su trabajo como modelo de revistas, Dania comenzó a pensar en direcciones nuevas. Al tiempo que avanzaba en la idea de la fundación fue definiendo nuevas metas, en primer lugar la de cubrir el futuro de la educación superior de su hijo, y a continuación la de construir la estructura financiera para su proyecto de *spa*. Todo eso, en la medida en que trascendía a través de los medios de comunicación, provocaba sentimientos contradictorios en los hombres que admiraban su belleza en las fotografías, ya que comprendían lo cerca que había estado de ellos y lo lejos que ahora estaba. Y se resistían a imaginarla en su nueva fase de respetable empresaria, trabajadora social, organizadora de cenas, "veladas" para recaudar fondos con destino a una obra de caridad.

Como en una historia de Ian Fleming sobre el agente 007, Dania Londoño se había tropezado con el Servicio Secreto de Su Majestad, en un episodio que le había dejado la certeza, más que nunca, del alto riesgo que implicaba el trabajo que hacía. Atender al Servicio Secreto, como les ocurría a las chicas de Bond, puede ser una profesión muy peligrosa, ahora sabía, después de ver el escándalo poco conveniente que había provocado aquello. Porque quien se atreva y no se deje cuando el agente secreto no le quiera pagar por sus servicios puede llegar a ser escarmentada, temía Dania, o por lo menos amedrentada, perseguida, insultada al develarse su mundo encubierto.

En el sector "servicios" trabajaban ambos, él en los secretos, ella en los íntimos, en un momento pensó Dania con una risita de picardía. El agente de la seguridad del presidente Obama era un exponente de un sistema que cultiva la testosterona alta, esa condición básica del guerrero, y por la cual no existe en la dotación de los soldados profesionales la muñeca inflable como insumo permanente. Y estaba en un país con un pasado inmediato de violencia, una guerra de bajo perfil en desarrollo durante los últimos cincuenta años, un país que había sido el territorio del negocio del narcotráfico más famoso durante décadas, elementos todos que deberían haber engendrado en él un alto nivel de desconfianza. Y sin embargo, de la forma más desprevenida imaginable, como quien comienza el día en un jacuzzi bebiendo mimosa, acabó en esa historia que más parece emular un *thriller* de Guy Ritchie editado por Tarantino y Almodóvar.

Aquello fue una relación casi de sordomudos, desconociendo ella el idioma de él, y él ese que hablaba ella. Naturalmente dicharachera, después del reguetón y la música *cross over*, las sonrisas de rigor y la caricia suave, todo se limitó a mínimas palabras, máximos gestos, hasta que en el momento determinante ella puso las barajas sobre la mesa: *Sex is money, darling, eight hundred dollars.*

Ella no era una chica mansa. Dulce sí, pero indómita debajo de su apariencia, y pragmática. Una mujer que desde pequeña sabe que el amor va por aquí, el dinero por allá, y se mueve por la vida prevenida, porque temprano ha aprendido que hay hombres torpes, que hurgan a una niña sin conocimiento ni pudor, y hombres malos, que estafan, lastiman, son cochinos, que te marcan feo, que te dejan el alma dolorida. "Hay hombres que ven a la mujer como carne para palpar, que imaginan sus pipís como cuchillos", afirma Dania repasando experiencias. Hombres que no saben gozar lo que ellas tienen de hospitalario, como decía Machado, el poeta.

Y ha pasado por la escuela áspera del sexo en las fronteras del delito, donde los clientes son hombres que se mueven no muy dentro de la ley, de la moral, de la hipocresía de la sociedad, de lo bien visto, aprendiendo a la fuerza de armas, por haber estado en ambientes donde, sin complejos ni recato, se exhiben Uzis, pistolas Pietro Beretta, fusiles de asalto, falos de acero que esos hombres aman apasionadamente.

Ha visto hacerle cruces a las balas en la punta para provocar máximo daño, introducirle el caño de una Sig Sauer en la boca a una muchacha reticente, abrir zapotes y sandías a bala cuando esos clientes están borrachos, cuando les da por disparar a las campanas de una iglesia para que suenen, o al sol que les molesta cuando están enguayabados. Allí aprendió que a ella le gustan más los hombres de familia, los de cierta edad, con kilometraje, que no necesitan tanta acción, que están más aplomados. Como los tipos de aquel chiste, *cabellos de plata, corazón de oro, bolas de plata*, recuerda Dania y ríe.

Soy un tanto niña y me gusta a veces que alguien equilibrado, alguien señor, me ponga calma, explica. Y luego cambia de tema, vertiginosa, y comenta con picardía que en España al jugo le llaman zumo, "pero no sé si se aplicará también al del hombre, o al de la chica cuando se moja". Esto cuando regresa de Madrid, donde ha lavado problemas con la Embajada Americana, de la mano de su ángel abogado. "¿Se le derramó el zumo, se dirá?", vuelve a jugar en doble sentido. Estuvo unos cuantos días, pero no se le ocurrió preguntar. Es ahora que lo piensa, explica y ríe.

Le gusta cómo hablan allá, *vale, tía, joder, a por ellos, anda, vamos*. Y después cuenta que en los Emiratos un hombre le habló del caballo alado *Buriak*, aquel con rostro de mujer sobre el cual un profeta subió al cielo en Jerusalén, y que también le gustó el sonido de las palabras que usan los árabes, solo el sonido, porque, salvo lo que le tradujeron, de resto no entendió ni papa.

El lenguaje es tremendo en Colombia, opina ahora que compara. "Mata la luz", "elimíname las puntas del pelo", es normal hablar con esos términos casi criminales en su tierra. Y a la gente le gustan los símbolos de lo rudo, de lo áspero. Por eso le ponen a los niños nombres como Misil, Glock, Granada. Sabe de una mujer que bautizó a su hijo Yair, por Klein, el instructor israelí de los paramilitares del Magdalena Medio, sin saber que Klein en alemán significa pequeño, como le contó un periodista del *Bild* que tenía un perro muy lindo al que llamaba *Zu-kunft*, que en el idioma de allá significa futuro.

Dania no se queda quieta, no permanece en los detalles, se mueve de esto que brilla a aquello que sorprende porque es opaco. En el avión que la lleva a un encuentro en Alemania abre la revista *Inflight Shopping*, que titula en su portada *A*

Tribute to Grace and Elegance. Ve una camarita Minox por 178 euros, piensa en su hijo. *Discover the Invisible*, anuncia un visor nocturno esa marca, y duda si comprarle a su hijo la cámara o esto. Le llaman la atención unos audífonos Sennheiser, 319 euros, y luego un cepillo Braun para el cabello, que promete *instant shine at the push of a button*. No sabe inglés pero tampoco es tonta, lee por encima y relaciona una cosa con otra, y así comprende de qué trata cada anuncio. Es como moverse por el mundo al tacto. Un poco fuera de foco, pero nunca te equivocas demasiado.

En la publicidad de la guía de compras le atraen palabras como *luxurious, essential, innovative*. Le gusta sorprender con lo que compra, tanto a sus amigas como a sus novios. Pasa de largo por un set de manicure Zwilling. Pero a ella ciertas cosas se las hacen. "Pagar para que te hagan, sentirte en el otro lado".

Le gusta la boca entreabierta de la rubia que anuncia *the new fragance for women Burberry Body*. Definitivamente algunas mujeres le atraen, aunque lo suyo son los hombres, siempre lo aclara, y parecería que es a ella misma que se lo está repitiendo como para ponerlo en limpio. "Es que los hombres son tan aburridamente primarios... No los gay, que son más elaborados, más perversos, más divertidos, que piensan más malo", se dice mientras sigue pasando las páginas, J´adore, de Dior, Love Chloé, una *anti-aging stress cream*. Entonces observa por la ventana del avión las nubes, y por un instante una de esas nubes se mete en la oscuridad de sus ojos y brota, casi imperceptible, una humedad. No le gusta la idea de ser vieja. No le gustan los viejos con los que tantas veces le ha tocado lidiar, esa resistencia a aceptar que ya no pueden, el daño que hacen los años.

La sombra de los camellos en las dunas de una película en el avión la distrae. Se aburre, pone un video de Madonna, esta mujer sí es vieja, pero qué bien se mueve, piensa. Vuelve al catálogo de ventas a bordo. Le gustan los frasquitos de Marc

Jacobs, rosa sobre rojo, y un lápiz labial Revlon *super lustrous*. Y un reloj en oro de Rochas, con 16 diamantes en el dial. Necesito más plata, piensa automáticamente Dania, y al pasar la página ve una cartera Longchamp. La compra. Cuando se la entregan siente que ha comenzado a descubrir un nuevo método para alcanzar *la volupté*, como le decía al orgasmo un cliente francés.

"La gran pregunta que nunca recibe respuesta y yo no estoy capacitado para responder, después de treinta años de estudios sobre el alma femenina, es qué desea una mujer", confesó alguna vez Freud. ¿Será tan complicado?, se pregunta Dania cuando se entera de aquel reconocimiento de impotencia por parte del psicoanalista vienés.

Le gustan las uvas de Egipto o India, sin semillas, que sirven en Alemania. Y no deja de sorprenderse con el pensamiento, diría que matemático, de los alemanes, siempre calculando: si como dos salchichas, tanto; si tres, ahorro tanto; si el tren pasa en 15 minutos, tengo 12 para dar un paseo, regreso y hay un margen de 180 segundos por si algo falla, que no debería; esto es *Deutschland*, no un país cualquiera. Luego descubre que le amarran campanitas a los niños para tenerlos controlados todo el tiempo. Extraños alemanes, piensa Dania. *Verboten* esto, *verboten* lo otro, *Eingang*, *Ausgang*, todo en orden. *Nicht berühren*, *do not touch* debí decirle a mi agente secreto, se dice y ríe, y luego piensa que ahora que ya no es prepago debería colgarse un cartelito con esa frase, observando las miradas que le lanzan los germanos.

¿Será que una franja de otro color en la bandera significa tanto?, se pregunta aburrida, sopesando diferencias y observando el negro en vez del azul colombiano, junto al amarillo y rojo de la bandera alemana. En este país hay asfaltos que hacen menos ruido, y para eso se toman dos años modificando el suelo. Después oyes lo mismo, pero ellos están obsesionados con el sonido y se inventan que ahora hay menos ruido. Son raros los alemanes, cada año hay menos nacimientos, pero construyen escuelas nuevas en todos los pueblos, por prestigio cultural, dicen. Y para hacerlo, porque hay crisis, hacen recortes en los servicios sociales, y les reducen la pensión a los viejos. Todo esto que sabe se lo ha contado su novio, el que la ha invitado a reunirse allí.

Los cuervos de Rusia emigran a Alemania, porque encuentran más basura nutritiva, le explican en un *tour*. Hay campos llenos de pantallas que captan el sol y lo vuelven energía. Campos con grandes hélices para lo mismo. El precio de la gasolina aquí aumenta los fines de semana. *Imbiss* significa comida rápida. Todo el mundo trata de que aprendas lo que es importante, hay un sentido de la utilidad terrible, piensa ella.

Algo raro de Alemania es que no se siente nada del pasado. Como si no hubieran perdido dos guerras tremendas, como si nunca hubieran matado a esos millones de judíos, como si nunca les hubieran bombardeado a ellos cada casa, cada escuela, cada bar, cada calle, observa Dania. Y entonces piensa que no es muy diferente en Colombia, donde hay pueblos en los que el año anterior las motosierras cortaron en rodajas familias enteras, por los Montes de María, por Córdoba, el sur de Bolívar, por muchas partes, y ahí anda la gente, comiendo fritanga, bebiendo aguardiente, como si nada hubiera ocurrido.

Tal vez eso de beber tanto en las fiestas colombianas es una terapia para sobrellevar el espanto, piensa recordando noches, días, y la forma de meter droga de tanta gente, como en aquella película de Al Pacino. Como una forma de no pensar en lo ocurrido, en lo que volverá a ocurrir el próximo año, o este mismo, quién sabe. Y relaciona también con todo eso el que a la gente le guste tanto memorizar chistes y andarlos contando. Que en el amor la mejor forma de vencer al enemigo es acostándose con él. Que era un país tan pobre que el pájaro nacional era la mosca. ¿Que por qué las mujeres prefieren a los hombres inteligentes?, porque los polos opuestos se atraen.

21

Los hombres, no digo todos, pero sí los más, lo hacen como cumpliendo una tarea. Creo que ya he dicho esto, pero bueno, lo repito, porque es un error que deberían aprender a corregir. Se sienten trabajando cuando tiran. Como sufriendo. Entonces eyaculan y ahí se sueltan, seguros de que cumplieron. Creo que creen que lo que una espera de ellos es que se vengan, que suelten su liquidito, que una ahí los está vigilando, midiendo. Entonces cuando eyaculan es como si hubieran cumplido, y sienten: Soy hombre, miren que puedo.

Ahora que lo pienso, "creo que creen", me da risa, porque suena a ranas, sapos, esos bichitos. Y tal vez no es casualidad, porque en algún sentido los hombres se toman el sexo así, como ranitas repitiendo un ruidito. Ir a misa se parece a eso. Porque yo que voy y observo, veo que no van comprometidos, van solo para cubrirse, por si las moscas, como se dice.

A mi amigo Tony seguro le gustaría ser jurado en un *reality* sobre sexo. O no, mejor sobre orgasmos verdaderos. Siempre anda con risas, arreglando todo con humor, pero hay días en que le sale el ingeniero y se toma todo en serio. Se pone tan solemne que me lo imagino como uno de esos tipos de la Iglesia de hace siglos, los que comprobaban si los matrimonios entre príncipes y princesas se habían consumado, si había erección, y entonces acompañaban al pipí con los ojos y le abrían la cosita con los dedos a la princesa, untándose en saliva los dedos primero para facilitarle el trabajo al heredero. Lo vi en una película hace mucho tiempo, yo nunca me había imaginado que pudiera existir una profesión como esa.

Y el tercer paso era comprobar si el príncipe había eyaculado en la princesa. Cuando vi esa película me pregunté si lo habrán hecho cuando se casaron esos reyes y esas princesas que salen en la revista *Hola*. Parece de película porno, pero creo que todo eso era una cuestión muy seria, por aquello de que los matrimonios se hacían para unir los bienes, tierras, fortunas, vacas, cabras, gallinas. Y tener hijos era la clave para eso. Entonces si el príncipe no podía, a buscarle otro hombrecito a la princesa. Porque al que palpaban era a él, si lo tenía parado, si penetraba, si se venía, si el líquido era espeso, si era consistente entre los dedos del juez de la iglesia. Y todo ese morbo para asegurar la herencia.

Una vez me ofrecieron hacer una película porno en una iglesia de Cartagena, en la que yo iba a hacer de princesa, pero dije que no. A mí me parece que hay cosas que no deben hacerse. Yo creo en Dios, creo que él me quiere, que me cuida, y no debo prestarme para hacer cosas así en su casa, donde va la gente porque siente que él está allí más que en otra parte.

Pero sí lo hice con un sacerdote, sin saber que era. Me he comido un cura sin saber que me estaba comiendo un cura, Dios no me va a castigar por eso, yo no sabía. Eso fue así: un día me contrata un hombre para una vuelta, que vengo recomendado, que no sé qué, y me dice: Te puedo pagar 800 000, más no puedo, y yo bueno, y él entonces nos vamos a encontrar en tal hotel. Llego allá, tenemos sexo lo más normal, él arriba yo abajo, así, normal, entre que nos encontramos, nos tocamos y lo hacemos, una hora, y ya, regreso a mi casa.

Como a los dos meses me voy a la iglesia con mi niño, y veo al hombre dando la misa. Me tuve que salir, porque no podía parar de reírme, y todo el mundo volteaba a verme, y mi hijo diciéndome: Mami, por qué te ríes en la misa, ¿tú no respetas?

Hay clientes ejecutivos, del interior, que le mandan a una sus hijos, para quitarles la virginidad, para avisparlos, o porque el hijo ya es avispado y es malo, entonces te lo mando, eres una pelada de confianza, cálmalo. O me decían: Mi hijo va a ir a Cartagena con unos amigos, consígueles unas niñas. Entonces salía con esos niños de 20, 21 años.

A mí me gustaba ir con los chicos, porque no me estaba boleteando en Cartagena, porque si me veían con un joven no decían: Esta es prepago, sino que pensaban que era un amigo. Con un joven puedes ir a discotecas, a restaurantes, a cine, y todos lo ven como algo natural, de amigos. Eso es lo bueno de los chicos. Además, si íbamos a cine yo igual cobraba, porque era mi tiempo, que si vamos a pasear en lancha, que si al estadio, que si vemos el partido por televisión, lo que ellos quisieran hacer yo lo hacía, pero cobrando siempre.

Pero mi prototipo de cliente ideal era el hombre mayor. Me divertían los jóvenes porque son de mi edad, pero en el negocio me gustaban esos hombres de 45 en adelante, porque no iban a tener sexo conmigo varias horas, lo que hace un hombre joven. El hombre mayor es rápido, solo una vez. Y son más cariñosos, dan más regalos, y así te estén pagando te tratan bien, te respetan como mujer y como dama. Y son más elegantes en sus gustos, toman whisky, y si son extranjeros vino, a veces champaña.

Cuando estaba con algunos clientes muy *cachezudos*, que les veías el dinero brotándoles por los poros, yo me ponía pretenciosa y pedía siempre champaña. Tomando champaña me sentía linda, me sentía diva. Con los jóvenes tomaba aguardiente, que es lo que toman ellos.

Cuando un padre te envía a su hijo te lo dice así, cínicamente: Es virgen, ahí te lo mando, te pago tanto, ya. O, por ejemplo, un día: Mira, tengo dos niños, uno tiene 15, el otro 20, son tremendísimos, y ajá, a ellos les gusta estar con mujeres, tú sabes, entonces te los voy a mandar, consígueles un apartamento, lleva una amiga. Y yo bueno, el papá los manda en clase ejecutiva, les consigo apartamento, llevo la amiga, y me pagan lo convenido.

Cuando lo que te encargan es que los desvirgues ya es más difícil, primera vez que tocan a una mujer, esos niñitos se enamoran. Yo jugaba, les mamaba gallo, es tu primera vez, tienes que tener calma, mira, te voy a ayudar para que se te pare tu *pipirito*. Me vestía sexy, los estimulaba, les mostraba las tetas, el culo, todo, los trataba lindo, le ponía mucho erotismo. Y les hacía maldades, como tocarles el pipí, darle golpecitos, molestarlos, cosas así. Y esos niños terminaban enamorados. Para mí era muy divertido, pero a la vez siempre me daban pena, me quedaba un poquito como triste.

Los jóvenes me divierten, van por la vida a saltitos, no se toman nada demasiado en serio, ese pecado en que caen todo el tiempo los hombres que están entre jóvenes y viejos. Cuando son chéveres y tienen dinero, los jóvenes son una nota. Siempre están contentos, riendo. La risa es lo mejor. Casi mejor que el dinero. Pero no pueden compararse. Una no puede comprar risa verdadera, la del que está feliz, la de la contenta. Y la risa tampoco te da dinero. Aunque quizás ayude para conseguirlo, ahora que lo pienso. Porque nadie quiere a una mujer triste. Y a un hombre triste menos.

Ser prepago es como ser una novia por horas. Y a veces acabas siendo novia permanente, porque le gustas mucho a un cliente, o porque él te gusta a ti. Yo no me he enamorado de clientes, solo de uno. Aunque veces te llegan clientes muy lindos, que te tratan muy bien, y en ese momento sientes que no quieres que el hombre se vaya, pero es mejor guardar la distancia. Otras veces es al revés, él pide que te quedes, y tienes que ponerte fría, decirle me tengo que ir, lo siento mucho, si me vas a pagar más me quedo, si no me tengo que ir.

Cuando te piden que te quedes, más que por el sexo es porque el hombre se siente bien contigo, porque lo escuchas, lo acaricias mientras te habla, mientras cuenta sus problemas. Una prepago es una psicóloga, aunque no haya estudiado de eso. Escuchar las confesiones de los hombres, sus problemas, sus dramas, es parte del trabajo de la prepago. En especial cuando el cliente es un ejecutivo, de esos que tienen una vida normal, un hogar, que te cuentan que pelean mucho con su esposa, que ella no los entiende, que por eso te buscan a ti.

Más que de su profesión, de su trabajo, los clientes hablan de sus hijos, de sus familias. Te cuentan que son felices con sus esposas pero que son muy perros, que eso lo llevan en la sangre, que necesitan andar con mujeres diferentes. Y hay unos que sufren, que tú sientes que pobrecitos, que te cuentan que su esposa es una profesional que se pasa todo el día trabajando, que llega y es grosera, antipática, malgeniada, los trata mal, no se quiere acostar con ellos, cosas así. Y te piden que los trates bonito, que les digas cosas lindas, y tú mientes, les dices cositas para subirles la autoestima.

A veces pienso en las esposas de los que eran mis clientes, en si sabrían que sus maridos estaban conmigo, o si preferirían no saberlo. Si se sentirán inseguras, si harán cerámica, tomarán clases de yoga o leerán libros de autoayuda. Si sienten que ellas son las que hacen que sus maridos busquen una prepago, o si sencillamente no les importa, solo los manipulan, los usan sin piedad, hasta que les sacan todo lo que quieren y ahí los botan. Si realmente lo único que les importa a algunas es su propia carrera profesional, como ellos me contaban, cuando me ponían a escucharles los sufrimientos.

La prepago hace más trabajo de psicóloga que de prosti-tuta, eso es definitivo. Y quizás sea esa la elegancia. Saber escuchar es la clave de una mujer que es buena en el oficio. Poner cara de sorpresa cuando te dicen: Tú te pareces tanto a ella, ¿sabes? Escuchar atentas cuando cuentan que se casaron muy jóvenes, que quizás un hombre no debería casarse tan temprano en la vida, ni tener hijos que van a sufrir si uno se separa, o te juran que su mujer manipula a esos niños para chantajearlos. O cuentan desconsolados que ella les dijo: Necesito tiempo, y les puso las maletas en la calle. Y los escuchas y piensas: Quiero ducharme ya, bajar por el ascensor, por la escalera, que todo haya terminado, que nunca más me vea.

Hay hombres que te contratan como esperando un milagro, algo que les dé alegría. Pero están muy tristes, no hay forma de alegrarles ni cinco minutos de sus vidas. ¿Qué vidas viven?, me pregunté muchas veces. Aunque no tantas, porque me entristecía cada vez que lo hacía. Me contagio fácil. Lloro mucho.

Todos piensan que tiran bueno, y todos piensan también que tirar siempre es bueno. Pero bueno es cuando tú quieres, no cuando lo haces obligada, por un precio. ¿Pero para quién es fácil hacer lo que tiene que hacer para después tener la plata para poder hacer lo que quiere hacer?

La mayoría de las prepagos y de las prostitutas tienen el sueño de conseguir un día al hombre rico que las saque de esa vida, de la pobreza, de la prostitución. Nunca piensan en estudiar, ahorrar para salir adelante un día, solo en buscarlo por medio de un tipo. Y la mayoría de las veces, diría yo, se cumple ese sueño.

Hay mujeres que se consiguen gringos y se casan con ellos, siendo prostitutas, o un hombre de otro país, un italiano que se enamora y se las lleva, sabiendo que son lo que son. Y la mayoría de las veces ellas se vuelven muy fieles, si él las trata bonito. Eso de que la mujer puta sigue siendo puta toda su vida es mentira. Cuando ella se enamora y el hombre le corresponde, ella se queda allí, agradecida. Obvio, no siempre. Nada es siempre.

Las prepago, más que todo, como a mí me pasó, nos conseguimos los novios y nos mantienen. O se queda enamorado el cliente de una y la ayuda económicamente. Yo ahora tengo mi novio, y antes tuve un paisa, que fue como el amor de mi vida.

En Cartagena las chicas prepago paran en Babar, Tu Candela, Café del Mar, los sitios adonde va mucho extranjero. Se sientan allí y no necesitan hacer nada, solo son simpáticas cuando el hombre las encara, entablan conversación: Hola, cómo estás, dejan que él avance, y luego le aceptan irse a su hotel si les da un regalito. Y le acompañan a las islas, a nadar, a sentir la blanca arena, qué rica, y así algunas veces la mujer consigue un hombre que le gusta, y ella a él, y ahí la suerte toca la puerta. La suerte toca la puerta de una mujer al menos una vez, eso es así, y tú decides si abres para que pase. Por eso yo pienso que, en ese sentido, nadie es víctima.

Una vez me llaman: Vente para una vuelta —nosotras le llamamos a esto vuelta, o *tiqui tiqui*—. Vente para una vuelta, pero te van a pagar poquito, como 700 000 pesos, y tienes que darme comisión. Yo me venía quedando como con quinientos, pero estaba sin plata, entonces: Ah, bueno, pero mira, estoy en el centro, estoy desarreglada. No, nena, si el plan es superrelajado, pero mira que estoy en chancla de pajita, en minifalda, en *topcito*, el cabello suelto, sin maquillaje. No, retócate un poquito y llégate, que la vuelta es fresca. Ah, bueno, qué chévere.

Eran unos comerciantes, y el chofer de ellos me recoge y recoge también a una prostituta de un bar, después de pasar por mí. Yo no la miro como si fuera menos, la miro igual, es mi colega, nunca las miré por encima del hombro, eran iguales, solo que yo cobraba más caro. Y quizás ese día hasta le estaban pagando lo mismo que a mí.

Iba ella entaconada, porque las prostitutas se visten diferente de las prepago, ellas van más exóticas, yo me veía bajita a su lado, en chancleticas, en minifalda, sencilla, pero bien *cute*. Tú eres muy bonita, le digo, y ella: Gracias. Cabello liso, tenía rasgos como los míos, y yo iba hablando con ella y riendo, como en un plan de amigas. Pero todos ellos sabían que estaba la prostituta y la prepago, y le dicen a ella, muéstranos tu culo. Entonces ella se bajó el *jean* y les mostró el culo. Y me dijeron a mí: Muéstranos tu culo también tú, y yo dije: No, no lo voy a mostrar. ¿Por qué, te da pena? Sí, yo solo se lo voy a mostrar a uno, al que vaya a estar conmigo, al resto no. Y ellos: Ah, bueno, está bien. Ahí está la diferencia, lo que marca quién es quién en el negocio del sexo.

Esa prostituta era de un bar, estaba bien vestida, tenía sus buenas uñas, su buen pelo, pero era prostituta de un bar, vivía en un bar, se sienten en su territorio allí, les queda gustando eso, se sienten cómodas y ya no salen de eso. Porque yo he conocido peladas prostitutas a las que les decía: Salte, alquila un apartamento, y: No, es que yo gano mejor que ustedes, me decían. ¿Cómo vas a ganar mejor? Es que yo me hago hasta 30, 40 millones de pesos al mes. No te creo. Sí, yo me tiro al día cinco, seis clientes, gano bien, tú no. Y me preguntaban: ¿Tú eres capaz? No, yo no era capaz de tirarme ni dos clientes en un mismo día. Y ellas sí. Estaban acostumbradas a eso, y veían buen billete. Entonces salirse de ahí no les era fácil, porque se sentían bien haciendo lo que hacían, ganando bien. Y a ellas no les importa que todo el mundo sepa lo que son, prostitutas.

Esta prostituta les bailaba a todos, se desnudaba, el que estaba con ella le pegaba en la nalga, cosas que yo nunca permití. Y cuando pasaba eso todos nos reíamos, yo me reía, y lo disfrutaba con ellos allí, disfrutaba de ella, como si yo fuera un cliente más, y la vuelta, la vuelta, y ella hacía de todo, porque obedecer es algo normal para ella.

Entonces viene el más guache, la coge por el brazo, le dice vamos, y la entra a un cuarto. Y yo sigo ahí, sentada. Y había un hombre que me enamoró, él estaba ahí con un Blackberry y le digo: ¿Qué haces tanto con ese Blackberry?, y él se queda mirándome, me dice: Tan bonita, y yo le digo: Ay, y eso que me vine destruida. Y hablamos y hablamos, y me mostró unas fotos en su celular, de unas mujeres muy bellas, y me dice estoy chateando con ellas, y yo: Pero deja de estar con esas mujeres que estás conmigo. Y él dejó de chatear, y me dice: Ven que quiero mostrarte algo, y por la ventana de la cocina me muestra que las estrellas y que la luna, y me comienzo yo a besar ahí con él.

Después volvimos a la sala como si nada. Pero hubo algo que nos gustó a los dos, y yo tenía como pena, porque a veces sufro de pena, de vergüenza, porque sé lo que estoy haciendo, que estoy cobrando, y en ese momento eso me hace sentir feo. Entonces seguimos hablando, y nos besamos, nos seguimos besando, y nadie más se mete conmigo porque todos ven que estamos juntos, y ahí se establece una amistad. Después nos encerramos, y fue el amor.

Me quedé 15 días con ese novio paisa, y él me daba que los cien, que los doscientos, coge para que vayas a tu casa, porque él es de aquí, él sí sabía, era más consciente de las cosas, de las necesidades de una, y yo iba a mi casa con esto, con lo otro. Gané bastante con él ahí, porque me daba muchos regalos. Íbamos a una discoteca, y me sentía como la noviecita de él, y él como mi novio, me celaba, ya todo. Y esa relación se fue extendiendo como un año, un año y medio. Él era casado, pero teníamos un amor bonito, yo era su noviecita, y le decía que no seguía en eso, porque él me ayudaba económicamente, me mandaba dos millones, tres millones, pero con eso yo no vivía como necesitaba, y entonces seguía haciendo mis cosas. Pero no me sentía bien si él sabía, por eso le decía que no.

22

A mí me dio rabia que el agente este me gritara. Si él a mí me habla de otra forma, me lo hace entender, me dice: No tengo plata, no sé qué pasó, bebí mucho y no recordé que no tenía plata, yo le hubiera comprendido. Y me hubiera ido a mi casa triste, pero tranquila. Pero no, *lets go bitch*, lárgate perra, eso me emputó. Si sabe que soy una perra, ¿por qué no me paga? Me dio rabia, hizo que me jurara: Yo no me voy a ir de aquí sin mi plata.

Es casi normal, de todos los días, que los hombres maltraten a las mujeres, pero yo pienso que eso pasa en muchos casos porque la mujer se deja. Yo no me dejo, si a mí me pegan la devuelvo. Pueda que sienta miedo si me pegan, pero yo reacciono. Hay mujeres que no reaccionan, que se dejan golpear, que no se animan a demandarlos , o que les toca, por la situación económica, que todo es a raíz de la situación económica.

Mi mamá fue una de esas, era madre y le pegaban. ¿Cómo mi mamá iba a dejar a mi papá por mucho golpe que le diera, si ella no podía irse sola con sus hijos, porque qué iba a ser de su vida? Se la tienen que aguantar por necesidad, es la realidad de las cosas. Y los hijueputas aprovechan, porque saben la necesidad de ellas.

Mi mamá nunca supo que yo trabajaba de prepago, hasta que ocurrió todo esto. Pero cuando pasó, yo misma se lo dije, porque si se va a enterar, mejor que sea yo quien se lo diga. Ese mismo día llamé a mi mamá y le dije: Mami, te tengo que contar algo pero no me juzgues, no me taches, tú simplemente en este momento apóyame, y dejamos el regaño para otro momento. ¿Qué pasa, hija? Esto y esto, le conté todo. Dania, ¿por qué tú haces esas cosas?, eso es malo, eso es feo, tú no te valoras, comienza ella, y yo: Mami, no me des lata ahora, lo que necesito es apoyo tuyo, solo eso.

Mi mamá no me lo demostró, pero se puso mal. Llamo yo al día siguiente y me dice mi hermana que mamá está hospitalizada. Imagínate, yo en Dubái, digo: ¿Qué voy a hacer, para dónde cojo?, no tengo visa para ir a Madrid, no puedo ir a Colombia, me toca quedarme. Lo que yo hacía era llorar y llorar.

Yo 24 horas pegada al portátil, viendo RCN noticias, Caracol. Como hay canales que en Dubái los bloquean, le pedía a mi amigo Tony que me grabara las noticias, y él me las grababa, y me las enviaba a mi *iPhone*, y así estaba yo enterada de todo. Me metía en Internet y buscaba el periódico de Cartagena, *El Universal*, *El Espectador*, me las arreglaba para traducir del inglés las primeras planas de Estados Unidos, y yo cuando leía solo podía pensar: ¡Qué locura es todo esto!

Entonces yo pienso: No seas boba, tú ahora eres la prostituta más famosa de todo el mundo, eso no ha pasado nunca, sino con aquella de Bill Clinton, solo ella, y ahora tú. Aprovecha tu putería, la gente te quiere ver como puta, acéptalo y aprovéchalo.

Entonces viene lo de la entrevista. Me contacta Julio Sánchez Cristo, saco la visa y me voy a España. Es impresionante la influencia que tiene ese señor. Me voy a Madrid, doy la entrevista, digo todo como pasó, estoy muy nerviosa, me río de nervios, y me toco el cabello de nervios, pero la gente piensa que es de cínica. Y se crece más el escándalo, la entrevista le da más notoriedad, porque puso en evidencia para mucha gente que eso era importante.

Cuando hablamos por teléfono, estando yo en Dubái, Julio me dice: Te voy a recomendar un abogado muy bueno, que te va a ayudar muchísimo. Es Abelardo De La Espriella, que a mí ya me lo habían recomendado otras personas, pero hasta ahí yo no sabía bien qué hacer. Julio me contacta con el abogado, hablamos por teléfono y yo le digo: Bueno, sí, quiero que tú tomes mi caso. Y eso fue una bendición para mí.

Nosotros hicimos negocio "de boca", él me dice: Yo te recomiendo que des la entrevista a Julio, porque ahí te vas a dar a conocer, y ya van a saber que esto es algo fuerte. Yo me resisto, le digo: Pero no me van a pagar. No, pero te van a dar a conocer, y de eso te van a venir otras cosas, Dania, no seas agalluda que te puedes quedar sin nada, me dice Abelardo. Y aparte de eso te van a dar un visado, y puedes ir a ver a tu mamá, estar con ella.

Esas fueron las condiciones para aquella primera entrevista: el visado, los tiquetes aéreos y creer que eso iba a abrir muchas puertas más. Cuando ya voy, conozco a Julio, y lo veo como un señor muy recto, yo lo había escuchado por la radio pero hasta ahí no tenía ni idea de quién era. Y ahora estaba delante de él, su voz que es así toda atractiva, su estatura, una persona que intimida. Yo lo tenía a mi lado, y él preguntándome mil cosas. Me daba risa de nervios, no de cínica.

Norma, mi mamá, aunque estaba enferma, también aceptó hablar en La W. Ella estaba muy resentida por lo que a toda la familia le estaba afectando mi problema. Es que en el sitio donde trabaja se habían enterado, porque todo el mundo se enteró, y la señalaban como "la madre de la prostituta", y por eso ella dijo en La W que su hija no es ninguna prostituta, sino una madre soltera que necesita dinero para los estudios y el sostenimiento de su hijo, la verdad. A mí me gustó cómo mi madre salió a defenderme, más sabiendo yo que ella no está de acuerdo con muchas cosas que yo he escogido en mi vida.

Hubo un montón de gente que salió a decir esto o lo otro, que yo destapé errores del Servicio Secreto de Estados Unidos, que impacté negativamente la imagen del turismo en Colombia, que hice que nadie le prestara atención a lo serio de la Cumbre de las Américas. Y otros salieron a dar cifras, que la prostitución mueve en Colombia más de tres mil millones de dólares al año, y que según las estadísticas de no sé quiénes, el número de prostitutas en el país es de veinte mil o más. Yo no sé de dónde sacan eso, porque nunca he visto a nadie salir a hacer encuestas de si usted trabaja de prostituta o de prepago, por eso me resulta raro cuando afirman con tanta seguridad esas cosas.

También salieron otros a decir que las prostitutas no pagan impuestos de renta, que después de las drogas y las armas la prostitución es una de las actividades más lucrativas del mundo, pero que eso no le sirve al país porque no contribuye con impuestos. Y hacían cálculos de cuántas horas útiles tenemos en nuestro trabajo, descontando el periodo menstrual, y cuánto ganamos, sumando el incremento de clientes los fines de semana y restando que en lunes y martes hay menos, superaviones para calcular cómo clavar a las mujeres. Y me contaron que un diario hizo cuentas de los gastos de una jornada mía, diciendo que una suite presidencial del Hilton costaba tanto, que la sesión de spa tanto, el gimnasio tanto, manicure, pedicure, shampoo, masaje, peluquería.

Una no gana tanto como dicen, ni siquiera tanto como para guardar algo. Lo único cierto es que he recibido lo suficiente para vivir y darle una vida a mi hijo en el mejor nivel posible. Que es lo mismo que he hecho ahora con lo que me han dado por la entrevista para la cadena NBC y lo del diario alemán *Bild Zeitung*, con lo que he pagado el seguro educativo para mi hijo.

El sábado me harán otro reportaje. Me siento como si me hubiera vuelto la protagonista del espectáculo, y es agradable. Pero al mismo tiempo me produce sentimientos cruzados, salir a la calle y que me reconozcan: Esa es la puta, mira, la creía más alta. Unos me aprueban: Bien por esa, me dicen, aprovecha. Otros me odian, más que los hombres las mujeres.

23

Nunca me había preparado para una entrevista. En realidad jamás pensé que un día me harían una. La de Julio, que fue la más fuerte, fue la primer entrevista de mi vida. Nunca antes había tenido un micrófono delante, ni para cantar karaoke, yo nunca había hecho eso. Pero cuando estoy ahí, aunque estaba muerta del miedo, todo fue fluyendo. Yo confío mucho en lo que soy, en lo que sé, y confío en cómo me voy a expresar, me conozco, cuando quiero utilizar buenas palabras las utilizo, cuando quiero ser gamina soy gamina, así soy.

Estaba nerviosa, pero yo no le demostraba los nervios a nadie, ni a Julio ni a nadie. Me recoge en el aeropuerto María, una periodista de La W, me lleva al hotel, me cambio, digo no voy a usar nada de maquillaje, porque a mí no me gusta andar con maquillaje, yo paso así, lavada, esta soy yo. Entonces me maquillo muy poco, me retoco algo, los ojos para agrandármelos, porque son muy pequeños, los labios, cosas así.

Y ese día me voy limpia, pero dije: Me voy a llevar una blusita verde, que se me note mi escote, eso es lo que yo pensé, como soy la prostituta, que lo vean. Yo lo hacía para que la gente hable más, lo hacía del dolor que tenía de leer tantos comentarios, entonces decía: Si todos piensan que soy una prostituta, voy a dar la cara. Iba como a vengarme, eso es lo que creía yo en mi cabeza, que iba a vengarme contra la hipocresía. ¿Quieren hablar de la prostituta?, pues que entonces la conozcan.

Me siento en La W, y digo en mi cabeza: Señor, pon mi inteligencia en esto, dame sabiduría y fuerza para enfrentar esto, eso fue lo único que dije en mi mente antes de salir al aire. Y comencé a responder las preguntas de todo el mundo. Simplemente respondí lo que me preguntaban, si eran preguntas fuertes yo respondía fuerte, y con la realidad, con la verdad. Quien estaba viendo, escuchando, era porque le interesaba, gústele o no le guste, y la prostitución en Colombia no es ilegal, es legal. Entonces ¿cuál es la doble moral?

La entrevista de Julio fue la más fuerte que me hicieron, me llamaban de todas partes, fue agresiva, pero me defendí, no me quedé callada. En la alemana del *Bild* me pagaron, me hicieron unas fotos, yo estaba sentada con un periodista, eso fue como si nada. Los de la NBC me estaban grabando, todo tranquilo, no era en directo, fue todo suave.

En la de *Soho* me sentí una modelo, la entrevista iba a salir en la revista, nadie me veía, Daniel Samper me hacía preguntas, yo respondía con la verdad, porque siempre hablo con lo que es la realidad, no me voy a poner a hablar con rodeos, yo soy directa. En *Soho* fue donde hubo más morbo, solo me preguntaban de sexo, cómo era mi vida sexual, si hacía esto, cómo era hacer un trío, de resto no les interesaba nada. Supongo que es porque a quienes la miran, que no sé si la leen, lo único que les interesa es eso.

En La W, entrevistada por periodistas de todo el mundo, Dania no se limitó solo a responder las preguntas, sino que se refirió a las declaraciones de la Canciller colombiana y dijo que no le parecía que donde haya hombres hay prostitución, como afirmó la ministra. Y habló sobre los acontecimientos de aquella noche, y cómo cambió su vida desde ese momento. Comentó que siente temor sobre lo que pueda ocurrir, que no habla inglés pero que se las arregló para aclararle a él: *Baby, cash money*, cuando él le pidió "*sex*", y que acordaron la suma de 800 dólares, que todo fue muy transparente, hasta que él "le hizo conejo".

Mientras hablaba volvió a repasar mentalmente los hechos, todas las cosas que se conjugaban en la situación, deseo de dinero, culpa, ambición, el valor de la palabra al ponerse de acuerdo. ¿Hará falta tener testigos la próxima vez, firmar el trato en una notaría o qué?

Un trato es un trato: *deal*, le dicen en inglés. Es un acuerdo básico de convivencia, honor, respeto. Aquí o en Alemania, Rusia, China. Todo el mundo así lo entiende. Por eso ella se sintió tan mal y reclamó su cumplimiento. Está bien, hice lo que debía hacer en ese caso, si hubo un escándalo fue por culpa de ellos, concluye Dania.

En el principio fue la palabra, y sigue siendo, como enseñan quienes responden al llamado. Esa es la ley primera, el respeto a la palabra, a lo acordado. No a la letra, sino a la palabra. Ahora cada día crean más burocracia, trámites, requisitos para respaldar tratos, pero no podemos olvidar lo básico: dos personas que se ponen de acuerdo en algo, pactan sobre eso, se comprometen a cumplir unas cláusulas, y lo respetan. Se respeta la palabra empeñada. Tú me das esto, yo a cambio te doy aquello. Y lo cumplimos. Eso es un acuerdo. Sin necesidad de que lo ratifiquen los notarios ni el Congreso.

Muchas preguntas han quedado suspendidas en el aire. Y a ella le sorprende que ningún periodista las suelte. Como, por ejemplo, ¿por qué pagan los otros agentes por el que se negó a pagarle? ¿Por solidaridad de cuerpo? ¿Porque sienten vergüenza ajena? ¿Porque son sus subalternos y lo cubren? ¿Para evitar el escándalo y las sanciones que el asunto acarrearía?

Y luego es llamativo el énfasis con que finge demencia el agente, cómo dice que no me acuerdo del acuerdo, y allí ella recuerda ese dicho tan colombiano que utilizaba su mamá: "Brava mi vecina porque se robó mi gallina", cubrir su responsabilidad posando de indignado por la actitud de la chica que reclama lo que acordaron que él le pagaría. Y se dice Dania que solo le faltó al tipo excusarse diciendo: Me drogó, me puso algo en el trago, que había algo en ese humo que me daba risa, seguro fue burundanga.

¿O acaso no le prestó atención cuando ella intentaba negociar en mal inglés o ayudada por su amiga, y pensó que habían sido sus encantos los responsables de esa química, de esas hormonas disparadas en dirección a la cama?

Ellos no son tontos, saben que está mal invadir países, salir a violar mujeres en Irak, matar niños en esos países invadidos y después lavarse las manos diciendo que son los "efectos colaterales" de hacer justicia. Lo saben bien, pero lo hacen porque saben que la ley del más fuerte está de su lado.

Cuando hay pausas en el interrogatorio de los periodistas, Dania piensa algunas veces en todo eso, pero se queda en silencio. Lo que sí reitera, en todas las entrevistas, es que ya no más de aquello. Que eso es el pasado, que quiere otra vida. Y hacer otras cosas, y ser reconocida por ellas. Tener una empresa, un *spa*, crear una fundación para ayudar a las mujeres que quisieran dejar la prostitución a que pudieran hacerlo.

"Prueba de su intención de cambio es el hecho de haber rechazado la propuesta de la productora estadounidense Vivid Entertainment, que ofreció 500 000 dólares para que participara en una película porno", declaró a los medios el abogado Abelardo De La Espriella refiriéndose a la oferta que le hizo a Dania días después del escándalo esa empresa que es la líder mundial en entretenimiento para adultos.

Dania se ha convertido, de un momento a otro, en la prepago más especial del mundo, tiene la excepcionalidad de la estrella. La llaman de Colombia y le ofrecen veinte, treinta millones de pesos por estar con ella, por el simple hecho de que es famosa. Le ofrecen posar desnuda, le ofrecen hacer telenovelas, películas porno, lo que quiera. Pero ella no quiere más de aquello.

Ocurre que en la sociedad contemporánea el éxito se asocia con la notoriedad, y quien más cotiza es quien más tiene esa notoriedad. Nadie quiere quedarse fuera de ese juego, y todos quieren algo con quien está marcando el nivel más alto en cada momento. Todos, todas corren detrás de eso. Cada año se multiplica la promoción de fármacos de venta libre, complejos vitamínicos, ginseng coreano y siberiano, jalea real, ginkgo biloba para la memoria, gimnasios, aeróbicos, *spas*, consumo de fibras, yoga, pilates, porque todo el mundo quiere el éxito.

Estar bien es la consigna, rendir, tener el mejor desempeño. El éxito es un deber, el sentido de estar vivo. Tener éxito significa ir en ascenso, hacia arriba, no ser menos, y la idea es enriquecerse rápido, ser famoso, famosa de un día para otro, como quien triunfa en un *reality* de la tele.

Si quieres tener éxito con las mujeres y los hombres, trata de parecerte a alguien que tenga éxito. Es un conocimiento que se pasa de madres a hijas. Y cuando lo logres, vive el éxito al máximo, como la gente de las barriadas que vive todo al límite, la música "a toda", el alcohol hasta caerse. Pero cuídate, porque si eres tonta te lo buscas, y ahí tienes, embarazo a los catorce, a los quince.

A Dania le gusta observar el mundo que la rodea, y haciéndolo siente que el fracaso de tantas tiene mucho que ver con que las mujeres por aquí se embarazan muy jóvenes, la mayoría de las veces porque no saben cuidarse, y entonces llega el drama. Porque luego no saben qué hacer con eso que "les ha ocurrido". Y aunque parezca mentira, hasta hay algunas que todavía creen que tenerlo sirve para atrapar al hombrecito, para amarrarlo.

Dania sabe que triunfar es desafiar a todos, entrar al libro Guiness de los récords. Es alcanzar un número alto, en lo posible el máximo. Dania sabe que todo es número, que la legitimación pasa por la cantidad, que tu importancia se mide por la cifra que cobras por hora, tu cuenta bancaria, el número de copias vendidas, las cifras de taquilla, los votos logrados, las millas que has volado este mes. El éxito debe ser siempre cuantificable, y la cualidad se relacionará con que este o aquella alcanzó el *rating* más alto, con ser la mejor pagada, el que tiene más hectáreas, la que entró entre las finalistas de un reinado de belleza, el que colocó una canción en el *top ten* de la radio, la que subió en el ranking.

Vivimos una cultura basada en el impacto en tiempo real, presente, vivo y directo, y la moda cambia a velocidad mil. Una cultura en la que rige por sobre todo el principio de lo nuevo, y eso se corresponde con el consumo rápido, caliente. *Camarón que se duerme, se lo lleva la corriente*, se dice en las tierras de Dania. Y nadie quiere volver al caracol cuando ha conocido la velocidad del caballo. La lentitud es aburrimiento, bostezo, mamera, cambiemos de canal, vámonos.

En su versión antigua, clásica, el éxito era trabajo, pasión en ese trabajo, y luego venía el exhibir los conocimientos adquiridos, el *know-how*. Pero hoy el éxito es golpe de suerte, el lugar correcto, el momento exacto. Por eso es quizás tan difícil administrarlo cuando se alcanza, porque no tiene base, no es la culminación de un proceso, como era antes.

El éxito se asocia a la felicidad, y la felicidad se asocia con el dinero. El dinero, que en una larga época de la historia se asoció en la Iglesia católica con el pecado, hoy es la medida de las cosas, como declaró Pedro Almodóvar cuando le dieron el Óscar o algún otro premio.

El dinero resuelve, allana, disuelve los desfases entre lo que eres y tu personaje, lo que quieres que vean. El dinero certifica tu éxito, garantiza que tienes sabiduría para entender cómo funciona el circo. Por eso se rinde culto al millonario, llámese Rockefeller, Slim o Sarmiento. Su fortuna da testimonio de que sabe dónde pisa, y cómo sacar provecho de la realidad, ponerle orden, organizarla a su favor.

Pero el dinero suele durar muy poco en las manos de una muchacha del más antiguo oficio, como aún se refieren a él en los periódicos de provincia. Porque, una vez resueltas las necesidades, su pensamiento inmediato no es ahorrar, sino ¿por qué no lo voy a comprar si ahora puedo y más adelante quién sabe si podré? Es decir, aparece en ellas aquella "necesidad irritante e irresistible" de gastar extravagantemente que un escritor ruso observaba en las personas sumidas en la pobreza, ese orgullo que les lleva a exageraciones de alto precio.

Cuando alguien que no tiene nada caza un botín fantástico, se vuelve loco. Los ejemplos de gente a la que el dinero le quema en las manos son lo corriente. En el lado de las excepciones a la regla, los grandes delincuentes, como también algunos afortunados de un golpe de suerte, dejan que el dinero se enfríe antes de gastarlo. Los pequeños, los aficionados, se incineran en el calor de esa fricción de tener mucho, que es quizás la más alta.

De tiempo en tiempo las noticias suelen referirse a historias del tipo cinco hombres, armados con cuatro pistolas y un fusil Kaláshnikov, irrumpieron el pasado viernes en la oficina central del Banco X y, sin pegar ni un tiro, se llevaron varias cajas de aluminio que contenían tanto. El golpe resultó perfecto, después del robo la banda se repartió el botín y sus integrantes se dispersaron, desapareciendo. Hasta que días después uno de ellos depositó millones en otro banco, se registró en un lujoso hotel, compró un Audi y encargó un BMW blindado, compró dos casas al contado, relojes de oro, pulseras, diamantes, llamó chicas, armó orgías, dispuesto a iniciar una existencia de multimillonario. Los grandes números despertaron sospechas, la Policía fue alertada, y el hombre cayó. Y en horas otra docena de cómplices y encubridores cayeron como fichas de dominó. Esta historia ocurrió.

24

Yo me considero muy buena persona. Una persona normal, que tiene su vida, su casa, su familia, una madre como cualquier otra, que tenía una doble vida, que nadie conocía. Y ya no, todo el mundo me ve ahora como la prostituta, no como la prepago. Porque nadie quiere ver que hay un mundo de diferencia entre la de la calle y la prepago.

Ahora ni en Cartagena ni en Bogotá soy capaz de salir a la calle, me la paso aquí encerrada. Me destaparon mi vida, me la encueraron, me la blanquearon. Y permanentemente me atacan, lo leo en los comentarios de la gente, en las notas que sacan en Internet, ese odio, ese sentimiento oscuro que les brota, que me tratan de zorra, de india patirrajada.

Creo que eso pasa porque salí en La W sonriendo, de los nervios que tenía en ese momento, primera vez que hablaba ante un medio, me hacían mil preguntas, muchos periodistas, tenía una cámara enfrente, yo estaba supernerviosa. Las personas me vieron y dicen: Es una mujer cínica, no le importa nada, se burla.

Eso ven en mí, esa primera sensación que di. Todo el mundo tiene una doble moral, y esa es la forma de pensar de ellos, que soy la prostituta descarada, y en parte yo lo entiendo, a cualquiera le da rabia el cinismo que ven, aunque no lo sea.

Tengo un pasado, he vivido muchas cosas, pero no me han convertido en nada malo, yo soy una buena persona. Y trabajé de prepago, que no es de prostituta. La gente entiende muy poco y juzga mucho. De prepago a prostituta hay un recorrido largo, la diferencia es mucha. Las prostitutas se consiguen los clientes caminando en la calle, se acuestan con cualquier hombre, no se protegen, no visten bien, no tienen un estilo de vida normal, como el que yo siempre tuve, que tenía mi casa, que tenía un hogar. Yo escogía el cliente, cobraba mucho más dinero, y solo salía con personas de un alto nivel económico. Es muy diferente a lo que viven ellas.

En Cartagena la prostitución es una fuente de ingresos para las mujeres que viven en la pobreza, para sus familias, y también para muchas organizaciones de esas que llaman ONG, y para la gente del gobierno, que viven de eso. La mayoría de las prostitutas que sostienen todo esto son negras, víctimas de la violencia en el campo, del desplazamiento, con pocas posibilidades de conseguir dinero para sus familias por otros medios.

Este negocio es un mundo aparentemente bueno, porque consigues plata. Pero es muy difícil alquilarle el cuerpo a otra persona para que realice sus fantasías, sus deseos. En mi caso yo escojo los clientes, y en general nunca hay problemas. Aunque, a veces te encuentras con sorpresas, que físicamente uno los ve bien, pero por dentro nunca sabes quién es la persona, qué costumbres tiene, si le gusta maltratar a las mujeres, si le gusta meter droga, y ahí te llevas sorpresas.

Una se expone mucho, y más las prostitutas, las mujeres que trabajan en la calle. Lejos de juzgarlas yo admiro a esas mujeres, porque por alimentar a sus niños tienen el valor de acostarse con cualquier hombre, así sea gordo, feo, sudado, cualquiera, el que aparezca.

Hay gente que ahora me pregunta por qué justifico este trabajo. Es que la vida en Colombia es difícil, conseguir un trabajo hoy está muy complicado, y mucho más para una persona que no ha terminado sus estudios, que tiene uno o más hijos que que debe alimentar, y que no es nadie en la vida. ¿En qué va a trabajar una persona así? Y además, si consigue trabajo, lo que gana no le alcanza para todo lo que tiene que pagar. Porque aunque viva en la miseria todo cuesta. Aquí ni vivir miserablemente es gratis, todo cuesta. Y más si tienes hijos.

Esas mujeres se ven obligadas a caminar un camino de estos, y uno tiene que comprender su sacrificio, su capacidad para enfrentar la vida, por más difícil que les venga encima. Por eso las defiendo, y por eso yo quisiera que me salga bien esto que estoy emprendiendo, lo de la fundación para ayudarlas a tener otras oportunidades, a poder elegir una vida más digna para ellas.

La persona que trabaja en esto juega con el peligro todo el tiempo. Y más cuando estás obligada a aceptar lo que te salga, cuando no puedes elegir, porque la necesidad te aprieta. A mí un hombre podía ofrecerme mucho dinero, pero yo tenía la posibilidad de escoger con quién lo hacía. Yo decía: No quiero hacerlo con él porque no me nace, no me gusta y no me va a hacer sentir bien, y podía. Yo tengo plata en mi cuenta; si un hombre no me gustaba le decía que no, porque podía permitírmelo, porque en un día podía hacer lo que una prostituta de la calle se gana en varias noches, tirándose a muchos hombres.

Hay cosas que suenan espantosas, pero pienso que una no debe quejarse de lo que le permite llevar adelante a sus hijos. Hay gente que mira mal al hombre que le paga a una mujer para tener sexo, y eso no me parece bueno, porque hay miles de mujeres que alimentan a sus familias gracias a eso. Además, yo he podido comprobar que no es más que hipocresía, que no lo dicen sinceros.

El cliente es un hombre normal, que tiene su familia, que es casado, que es un ejecutivo, un político, que de pronto está falto de afecto en su casa, o que le gusta escuchar mentiras: Te quiero, me gustas, qué rico me lo haces, quiero estar siempre contigo. Y ese es el papel que la prepago o la prostituta hace: tratar de complacerlos en lo que falta en sus vidas. Por eso pagan. Y todo bien. Pero en lo que no estoy de acuerdo con ellos es en su hipocresía, que también caen en eso. Porque el mismo hombre que contrata una mujer, luego es el que va por ahí juzgando. Y es el político que después de estar con cien prepagos inventa leyes para hacerle la vida más áspera a la mujer, sin darle soluciones a cambio.

A mi parecer, juzgan para ocultar que ellos participan de eso. Y lo mismo ocurre con las mujeres que a escondidas contratan a la prostituta, o a la prepago, para complacer a sus esposos, y después juzgan, y dicen que hay que acabar con las prostitutas, que hay que prohibir de una vez eso. La contratan para complacer la fantasía sexual de su marido, para evitar que él lo haga a escondidas de ella y un día se vaya con otra mujer. Usan a las prostitutas y después salen a decir todas esas cosas espantosas sobre ellas.

Esas mujeres que contratan prostitutas tratan de complacer a sus maridos para que no venga la infidelidad, los cachos, que es cuando algo está pasando pero la esposa es la última en enterarse de eso que detrás de ella sus amigas hablan riendo. Que es lo que después más les duele, cuando la esposa se entera de que todas lo sabían, menos ella.

Lo que hace la prepago, o la prostituta, es alquilar su cuerpo para que el cliente lo utilice, pero si una lo mira de otra forma, lo que realmente hace es vender su atención, poner su tiempo al servicio del cliente. Vender un tiempo de hacer lo que otro quiere. Que no es alquilarlo, porque no te lo van a devolver, es venderlo. Eso pienso.

Mirándolo bien es lo mismo que hace cualquiera que trabaja para otro, que piensa para otro, que usa su cabeza para otro, o sus manos trabajando el negocio de otro, o que pone su cuerpo en una publicidad para venderle algo a otra persona. El cerebro, por ejemplo, también es parte del cuerpo, y yo no entiendo por qué ahí no se ve problema, pero si alquilas el tiempo de tu sexo sí. Si uno lo observa con detalle, toda persona que trabaja para otro es como si se estuviera prostituyendo, ¿o no?

La prostitución en Colombia es una cadena: una amiga se hace un cliente, se lo pasa a la otra, y esa otra se lo pasa a la otra. Eso es un círculo. Después de que el cliente se quiera quedar conmigo yo no voy a hacer de tonta pasándoselo a otra. Obvio, lo conservo para mí. Así funciona eso. Y hay niveles, claro. Un político no se va a acostar con una prostituta de la calle, ni se va a exponer con ella, no puede. Entonces busca reserva, y va con una prepago que alguien le recomienda.

Es como un secreto de parte y parte, ni a él le conviene ni a nosotras nos conviene que todo el mundo sepa lo que ahí está ocurriendo, así que todo queda siendo un complot, una conspiración. Es un secreto que se tiene ahí, y que tiene para una un muy buen pago. Un pago que es justo, porque es que una se arregla, se viste, usa cosas finas, de marca, y no se va a ir a acostar por doscientos, trescientos mil pesos. Una tiene un estilo de vida muy alto y necesita pagarlo.

Lo mínimo que yo cobraba era un millón de pesos, y cuando hacía tríos, cosas así, pedía un excedente de quinientos mil extras. Y cuando me daba la gana decir: Quiero cobrar dos millones de pesos, pues los cobraba. Una simplemente le pone precio a lo que tiene, y a lo que el cliente quiere. A veces regateas, obvio, esto es un negocio: No, que dos millones no, Dania, está muy caro, ¿por qué no me lo dejas en tanto? Así funciona eso, ese era mi mundo. O sea, es un negocio. Como cualquier otro, vender muebles, vender arepas. Y una cuadra ahí un precio, y todas las cosas desde un principio se hacen como deben hacerse, y nadie tiene problema cuando cumple con lo que ha acordado.

El único detalle es que una siempre habla de "regalo", nunca pide plata ni nada, mi regalo es tanto, así se maneja el tema entre un cliente y una prepago. Y una a veces hace trabajo también de empresaria, hace arreglos para viajar a otras ciudades de Colombia con otras chicas. Y si una es la que hizo el acuerdo, lleva su comisión en esa vuelta. Yo estaba en Cartagena y me llamaban: Dania, necesitamos tantas niñas para Bogotá, y se organiza eso sin problema, llamando amigas, hablando con una madame si no las tienes. Si la que consigue el trabajo es una mánager, una madame, una le da el 20%, así funciona esto.

Y el mundo de una prepago es el planeta, cualquier lugar. Por ejemplo, a mí muchos clientes me invitaron a Cuba, El Salvador, estuve en Chile, en Panamá, en muchas partes. Yo conocía un cliente, al cliente le gustaba mucho yo, por mi físico, mi forma de tener sexo con él, cómo le escuchaba cuando me contaba sus cosas o cualquier otro motivo, y quedaba el contacto, me invitaba a otra parte. Claro, yo le decía: Si voy a viajar me tienes que dar tanto, mucho más que lo que cobraba normalmente, porque ahí estoy perdiendo una semana, entonces tiene que pagarme ese tiempo, esa semana, me tienes que dar un regalo por cada día, le decía.

Lo normal cuando llaman y piden un grupo de niñas es que es para una fiesta. Orgías es más con algunas personas del interior de Colombia, rolos, paisas, grupos de hombres ejecutivos o políticos, pero lo normal es una fiesta. Llaman a varias niñas, nosotras estamos ahí, una reunión corriente, no es que vamos a hacer *show* ni nada de eso, hay varios hombres, cada quien escoge su pareja y surge lo que tiene que surgir. Tampoco es que va a cogernos un cliente, y el otro y el otro, a manosearnos, no, cada niña va con uno y ya.

Y lo que una trata casi siempre es que el cliente termine rapidito, por eso una hace la posición que más le gusta al hombre, que es el perrito, y ahí se viene de una. El perrito, pero en mi caso solo por la vagina, porque yo nunca lo hice por detrás. Y siempre con condón, incluso el sexo oral, que la mayoría te lo exige, y si es un preservativo con sabor lo disfrutas, porque sabe rico. Como si chuparas un dulce.

A mí me tiene que gustar mucho un hombre para besarle, y nunca me gustó besar en la boca al cliente. Es que soy muy asquienta, y también porque diferencio: cuando una besa a una persona es porque hay pasión, hay amor. La atracción fuerte es la que va con beso, no esto. Pero entonces hay hombres que dicen: Oye, cómo va a ser así, sin ningún beso, sin estimular… Yo cojo rabia con eso. Si tiro rico, ¿para qué besos? Pero tampoco es que te lo pidan mucho, porque lo que la mayoría quiere es tu cuerpo.

25

Nadie puede negar lo simpático que es eso de subirte a un avión y que la velocidad te lleve flotando, sonríe Dania en el aire, en un Airbus amplio, confortable. Le unta al pan una cosa amarilla, que el frasquito identifica como *Lemon Curd*, y aclara: *Smooth*. Sabe raro, un dejo a limón, obvio, es *lemon*, se dice. No está segura de si le agrada. En las últimas semanas se han multiplicado las oportunidades de saborear cosas nuevas. Ha hecho un curso rápido de aprendizaje para distinguir burbujas, las pequeñas del agua Perrier, las del *vinho verde* portugués. A las de la champaña francesa ya las conocía, comenta, y agrega que hay cosas que no entiende, como eso de pagar carísimo por una botellita de agua que sabe igual a la que sale del grifo.

Juega con su cabello, se levanta, va al baño, vuelve, se sienta. Al completar 28 años habré pasado la marca de los diez mil días de vida, calcula de puro aburrida. No es lenta con los números, y un asunto del que se enorgullece es que su velocidad mental es alta. Pero no se mueve nunca en línea recta, siempre en zigzag.

No puedo quejarme, se dice cruzando el océano con una copa de cava en la mano, mirando las nubes afuera. Y luego piensa que haber pasado la niñez en la pobreza deja huellas, no hay duda, una se emociona fácil con cosas que otros viven como lo más corriente. Y a continuación le viene la idea de que "deberían dejar fumar marihuana en los aviones, tabaco no, estoy de acuerdo, pero marihuana hasta sería beneficiosa para los que no fuman, los que captan el humito mientras respiran, porque irían menos tensos en el vuelo". Y así sigue parloteando en su cabeza, entre sorbo y sorbo de cava.

Arriba de donde estamos volando hay satélites que graban a la gente en la calle, con visores nocturnos que muestran en rojo cuando te calientas, cuando estás excitada. ¿Nos habrán grabado en Cartagena? ¿Sería el entrenador de los perros, o el jefe de los francotiradores? ¿Cuál? Porque un diario decía una cosa, y otra el otro.

A veces pienso en lo que ocurrió con el agente secreto y me dan escalofríos. Tengo miedo cada vez que me vuelve a la cabeza el tema, como si cosas que explotan me estallaran en la cabeza. Incluso tiemblo. Otras veces me pregunto qué le habrá pasado, si se habrá quedado sin trabajo, como decían en un diario, si su casa tendría hipoteca, cómo la paga ahora, si la habrá perdido. Me imagino que tendrá que pagar las cuotas del carro nuevo de la esposa, el colegio de los hijos. ¿Cómo hará si se quedó sin empleo? ¿O será que lo envían castigado a Irak, a Afganistán, a interrogar prisioneros musulmanes en esa prisión en Cuba? Pero, para ser honesta, no me importa, se portó como un desgraciado. Merece lo que le pase.

Dania sabe que sufre de algo que no sabe si tiene etiqueta profesional médica, pero es como un entrelazamiento constante de ideas y recuerdos. Lo reconoce cuando quien habla con ella se lo dice. Como una línea transversal se le atraviesan en sus pensamientos los olores de la lluvia en San Andrés, del mar de varios colores, el olor de las frutas, el de un perfume lejano, que usaba su mamá en domingos, el de la gasolina mezclada con aceite que consumía su motico, el de los caballos en una finca a la que fue una vez de prepago. Y en medio de eso surge el de un *risotto alle zucchini*, que le hicieron hace días en un restaurante italiano. A ese ritmo se mueve la ensalada mental de Dania.

Con una falda blanca corta, las rodillas ligeramente separadas, la profunda oscuridad de sus ojos negros incrustada en el centro de su interlocutor, rodea con un dedo el borde del vaso, sin dejar de mirar directo, y el hombre cambia de postura, carraspea y observando los labios de ella pierde el hilo de lo que antes hubo en su pensamiento.

Cuanto más grandes son los labios mejor, es la regla de oro para seducir al sexo opuesto, según un estudio realizado por una universidad estadounidense. Dania lo sabe de manera natural, y aunque casi no maquilla su rostro, nunca olvida ese algo necesario para destacar los labios.

Erotismo de alto nivel, no muy bien trabajado, pero potente, piensa quien observa a Dania, siente su energía, le hace preguntas, la ve reflexionando, dando respuestas. Y al tiempo que eso piensa, siente una notable presencia eléctrica en el aire, como la que precede a una tormenta.

El erotismo es un algo ondulado. Una vibración, para ser más exactos. Como la que seguramente emite el lado invisible del *iceberg*, una energía no visible, pero perfectamente perceptible. Como aquella cosa latente en aquel lugar que narra Yasunari Kawabata, donde los ancianos pagaban para acostarse junto a jóvenes dormidas, sujetos a la prohibición de tocarlas. Lo que funciona en el erotismo no es lo explícito, sino la sombra, lo que esa sombra derrama, ese dibujo borroneado. Es una sensación de presencia diluida en el aire.

Se dice que las mujeres más feas son las más atractivas, porque esa carencia de belleza obvia las obliga a ser más interesantes. Pero siempre hay excepciones, porque Dania Londoño es bella, pero lo más interesante es que esa belleza está flanqueada por un algo extraño, que parece que no existiera en el primer contacto, que está y no está, como un velo que oculta, que muestra, y luego vuelve a ocultar.

Ella sabe que lo erótico no es ese condón Louis Vuitton de 70 dólares, diseñado por el arquitecto georgiano Irakli Kiziria. Ni la silla de amor que tenía Pablo Escobar en su hacienda Nápoles. Pero sí que lo es el despertar de un buen vino rojo, un Bordeaux, un Rioja, un Malbec, cuando se le ha dejado unos minutos respirando. Erótico el color, ese aroma, esa sensación en la lengua.

Eróticas, por ejemplo, eran aquellas sombras y luces que se movían sobre lentejuelas entre los árboles del Tropicana cubano antes de que Fidel y sus barbudos entraran a La Habana. Eróticas las nadadoras acompañantes de la isla de Hainan, abrazando con sus piernas en las aguas de la China de Mao. Erótico el vodka por gramos en cierto sitio ruso de Long Island. Erótico lo equívoco, el filo de la navaja, del suspiro, le explica un señor en Chile.

Y le cuenta que en esa medida lo era el mundo de los prostíbulos populares del Eje Lázaro Cárdenas, en el DF mexicano, donde el cantante de la orquesta hacía las veces de mensajero, avisando por encargo: "De parte del profesor, a la güera jarocha: los estoy viendo", y la rubia se erizaba. Y en el puente entre ambos mundos, el de lo porno y lo sofisticado, por su filo *freak* eran eróticos los enanos con fusiles M-16, que custodiaban cerca de Acapulco un prostíbulo al que llamaban algo así como La Granja, evoca el chileno.

Y ahí separa, diferencia: Porno: un *burlesque* de Broadway con la 48 o la 50, cuando Disney aún no había regenerado la 42, y se refiere a un lugar donde la escena era protagonizada por ancianos haciendo cola para insertar sus lenguas en las muchachas que se ofrecían en cuatro al borde del escenario, con rollo de papel toilette al lado, para entre anciano y anciano secarse.

"Tiemblo cuando la gente llama pornografía a lo que les parece demasiado real", escribió Joyce Greller en *The East*

Village Other, un periódico *underground* de Nueva York en el que trabajó un periodista colombiano que vivió luego en Bogotá con dos muchachas como Dania, a las que le gustaba fotografiar en hiperrealidad, que él decía, eso que en general se denomina pornografía. Y las muchachas lo apreciaban, se enorgullecían de las imágenes, porque para ellas la pornografía era "el arte erótico de los pobres".

Lo erótico y lo porno se dan la mano con asco. El uno ve al otro vulgar, y este demasiado sutil, etéreo, sofisticado a aquel. Tienes un hombre en llamas, lo apagas con la lengua, lo dejas con ganas de más fuego, ¿es eso erótico o porno?, pregunta Dania, y la primera reacción sincera sería responderle: ambos. Pero la respuesta es un largo silencio, y ella ríe, con risa abierta, de niña haciendo maldades.

La primera vez que conversamos, entre otros temas hablamos de que en estos días que vivimos está más reprimida la ternura que la sexualidad. La opinión de Dania es que cuando la mujer se siente segura, instalada, da por hecho que eso es suyo y deja de querer, se distrae, se olvida del motivo por el que se acercó a aquello que le gustaba, la excitaba, la divertía, y ahora imagina que ya es definitivamente suyo. Y que al hombre le ocurre que es volátil, que cualquier campanita lo aleja del presente, y que solo permanece cuando encuentra en la mujer que le gusta afecto de madre, que es lo que más extraña en la vida.

Borrón y cuento nuevo, se dice Dania mirando hacia atrás la confusión de las semanas pasadas, y el horizonte de sol que se le abre. Lee en una revista sobre masajes con serpientes en un *spa* de Moscú, peces que muerden la piel vieja en los *spa* de Japón. El *spa* de Dania será inolvidable, se promete y me lo cuenta. Después piensa en cómo habría sido su vida si Norma, su mamá, la hubiera bautizado Kimberley, o Daiana en vez de Dania, esos nombres que se ponen de moda cada tanto tiempo en Colombia. Se recuesta, ve la imagen de la situación que ha creado en su vida el escándalo aquel del piso 7 en el hotel de Cartagena, y repasa las decisiones que ha tomado.

Yo en ese momento puedo decidir ir más allá de la prepago, meterme mucho más en la prostitución de alto precio, que me va a ir bien, o retirarme, tengo las dos opciones. Sé que estoy en la posibilidad de un antes y un después, y me ponen sobre la mesa esos 500 000 dólares por una película, que no son solo eso, porque es una cifra como para decir: Negociemos.

Cuando llega a Madrid mi abogado, me dice: Hay esta oferta, 500 000 dólares, con eso puedes vivir esta vida y la otra, ¿tú qué opinas? Yo le dije: ¿Qué opino? Ya tengo la vida hecha una mierda, pero creo que la puedo arreglar, me puedo retirar, la gente olvida. Y yo tengo un hijo, si hago una película porno ese ya va a ser para siempre mi camino, pero si no la hago… ¿Tú qué opinas, Abelardo, tú lo harías? Y él me dice: Yo no lo haría, pero en este caso eres tú, yo soy solo tu abogado. Entonces le digo: No, yo no lo voy a hacer. ¿Un no rotundo? Un no rotundo. Pero claro, me quedo con el veneno.

Abelardo se viene para Colombia y yo comienzo a hablar con mi amigo Tony: Imagínate que me están ofreciendo 500 000 dólares. ¿Tú sabes lo que yo haría con 500 000 dólares? Hago el video porno, me compro una casa, monto un negocio, el *spa*, me compro mi carro, me largo de Colombia. Tony me dice: Regio, tú sí que eres voltaje —esa es su palabra—, ay, sería lo máximo que tú lo hicieras. Y yo: Tony, tú sí que eres malo, pero entre risa y risa me ha avivado el veneno.

Entonces le comento a mi mamá, y ella me dice: Dania, es tu vida, yo a ti no te voy a decir un no, porque si te digo no tú vas y lo haces, y si te digo sí también lo haces. Es tu vida, ya eres una persona mayor de edad, yo te apoyo como madre, nunca te voy a juzgar, pero yo de ti no lo haría.

Le comento a mi padrastro, el esposo de mi mamá y me dice: Yo, si siendo mujer me ofrecen eso, pues claro que haría una película porno. Ya van Tony y él que me dicen que sí. Llamo a una amiga colombiana que tengo en Dubái, y mi amiga me dice: Son mil millones, hazlo, hazlo.

No es que yo vea el porno mal. Yo lo veo normal, es un trabajo, son modelos, su profesión es ser modelo porno, normal. Y todo el mundo utiliza el porno para satisfacerse, o para estimularse, ya, sino que la gente tiene una doble moral. Todos vemos porno, mis amigos, mis amigas, yo me canso de ver porno, aprendo del porno, es algo normal. Pero también es algo fuerte. Para eso se necesita tener mucho valor, muchos cojones bien puestos, una mujer ahí, abrirse de piernas. El erotismo es algo diferente, más jugueteo… El porno no, uno ahí no piensa, es a la que vinimos.

Yo respeto mucho a las mujeres que hacen eso. Porque cuando me quedé pensando en hacerlo, que me imaginaba ya ahí, convencida por todo ese billete, enseguida me echaba atrás pensando: Yo, abierta de piernas frente a la cámara, que se me vea todo, esas escenas tan fuertes, que me estén haciendo, yo haciendo, que después mi hermano va a salir con la novia: Ay, esa es tu hermana… Mi hermano viendo a su hermana tirar con este, con otro, qué feo, me decía. Mi hijo cumpliendo 15, 16 años, que ya comienza su edad de masturbarse y de ver esas cosas, y encontrarse a su mamá, no, no, me bloqueaba la mente, no soy capaz de hacer eso. Yo no tengo esas agallas.

Leí en una revista que Silvester Stallone hizo películas pornográficas antes de hacer Rocky, y también otros actores hicieron porno. Y contaban ahí que Nacho Vidal está montando un *reality* Gran Hermano porno, para Internet. Creo que yo no podría participar en eso. Aunque ¿quién puede decir de esta agua no beberé?, como decía mi mamá.

Ese hombre lleva veinte años haciendo cine porno en todas las posiciones, pero decía que la frase que más lo calienta es la más sencilla: "Sígueme al baño", y que su posición favorita en la vida real es la más normal, contra la pared y por detrás. Así son las cosas, al fin de cuentas el cine es fantasía, y el cine porno igual. Te montas en la película y lo vives como en una fiesta de disfraz.

Si hubiera tenido las agallas, de pronto lo habría aceptado, pero no soy capaz. Y luego todo el discurso de mi abogado: Que no, que mira, que puedes cambiar tu vida, que se te abre la mejor oportunidad para ser otra, piensa en tu hijo, todo eso. Y ya pasó.

26

Un grupo de niñas de colegio la reconocen en un centro comercial. Corren hacia Dania a estrechar su mano, a pedirle un autógrafo, a rozarla porque es famosa. El cómo, el qué, por qué su fama, no tienen importancia.

En algunos países, cuando tienes éxito te piden explicaciones, te exigen que demuestres un talento superior, una capacidad excepcional de trabajo, el mérito, o el don con que has nacido, o que reconozcas que ha sido la suerte, llana y simple. La suerte como un premio, que debes mostrar haber merecido, que detrás de eso también hubo sacrificio, aunque en estas tierras al sur del Caribe, donde se tiende a premiar el facilismo, se mira con desconfianza el sacrificio, como si escondiera algo aquel que se sacrifica.

La belleza sirve para sacarte de abajo, o para confundirte, si no eres capaz de ponerte las cosas en claro. Si eres astuta utilizas la belleza mientras dura, la cotizas, y si no la tienes, la aparentas, y disfrutas lo que esa belleza te facilita, sabe Dania. Y sabe que el éxito, como la belleza, proporciona *glamour*, aumenta el deseo por quien lo tiene. Pero al mismo tiempo el éxito sumerge en el miedo a no estar a la altura de lo que se espera de esa que ahora lo tiene, de la fantasía que se han hecho sobre esa persona. El éxito reduce el margen de maniobra, porque de quien ha triunfado se espera exactamente aquello que ha gustado, que lo siga repitiendo, que no cambie, que se quede congelado en eso que ha sido en el instante en que conectó con el éxito. El éxito obliga a congelarte en eso que te lo ha dado. Una no puede decidir de tajo, de un instante a otro, dejar de ser prepago, decir no, ya no atiendo.

Ya nadie sube como palmera, paciente, lentamente. Quien consigue meterse arriba lo logra por un chiripazo, un golpe de suerte, un papayazo que se le ha presentado. Pero siempre caes como coco. Dania lo sabe, y esa realidad le genera cierta angustia, como si estuviera sometida a una suerte de jaque mate constante.

En el futuro todos seremos famosos por quince minutos, lo dijo un artista, Andy Warhol, en Nueva York, y se volvió famoso, escuchó en la tele Dania. Pero esos quince minutos, que hoy son más bien 15 segundos, 14, 13, 12…, al tiempo que generan una adicción de espanto también detonan una cantidad de circunstancias que, por decir lo menos, son altamente dolorosas. A una mujer famosa se le mira con envidia, recelo, fuertes deseos de rebajarla. Quizás porque las otras mujeres sienten que su éxito las rebaja, las obliga a mirarla desde abajo, como espectadoras. Sienten que el éxito de esa mujer lastima su amor propio.

El éxito es efímero, insostenible. Así como viene, pasa. Y entonces un día se dispara la angustia, que es real porque está relacionada con la chatarra de los pechos operados, las nalgas firmes con fecha de caducidad programada, esos estragos que van trayendo los días. Y se instala en el primer plano la necesidad de resistir, reinventarte, rediseñarte, de hacer que la felicidad perdure cuando todo la está acosando. Hay miles de personas que aún no han triunfado y están a la espera, agazapados, emboscados, listos a saltar sobre ti, esperando su oportunidad. Esperando a la menor debilidad de quienes están en sus 15 minutos, como Dania. Y ella lo sabe.

Hay días que duelen. Y el dolor es solo de una, los demás puede que te digan algo, pero en realidad muy poco les importa. Y si les importa es por el espectáculo, se dice y piensa en esa distancia que hay entre quien sufre y quien lo mira de fuera.

Le contaron alguna vez que existen dos tipos de dolores, el tolerable y el que incapacita, física o psicológicamente. Dolor es dolor, lo demás qué importa, piensa ella. Y se dice que es mejor disimularlo, porque si uno anda mucho tiempo con el dolor a cuestas, apesta. Nadie quiere acercarse a quien transpira dolor hasta por las orejas.

El trabajo sexual puede ser difícil, desagradable si se quiere, tener que recurrir a la seducción o a la belleza para resolver la necesidad de ingresos, para sostener una familia, para liberarse del maltrato. Pero antes de juzgar deberíamos saber bien qué queremos decir cuando decimos que algo está mal, se dice Dania.

Una necesita trabajar para tener con qué vivir, y ningún trabajo está mal. Lo que hace malo un trabajo son los riesgos que se tienen que afrontar para conseguir la plata. Cuando pasó todo esto del escándalo, y el Alcalde de Cartagena declaraba cosas horribles, y los diarios de Nueva York y Washington hablaban de todo aquello, tuve miedo de que de pronto me desaparecieran. Y acabara como esas mujeres de Ciudad Juárez, en la frontera de México y el norte, que las secuestran para torturarlas y hacerles crueldades sexuales, mutilarlas, y luego las desaparecen en ácido o las dejan botadas.

Igual que las prostitutas de las calles de Cartagena, las de allá son mujeres que llegan del campo, de la pobreza, a trabajar en las fábricas maquiladoras, haciendo las cosas que después venden las marcas de Estados Unidos, como otras mujeres lo hacen en Vietnam o China. Son mujeres que, en vez de trabajar de prostitutas en los sitios de sexo o en la calle, prefieren trabajar de obreras, y sacarle el cuerpo al asunto no lo perdonan en ese país de machos que piensan, además, que la violencia contra las mujeres es un deber de hombres. Y de eso que ocurre casi naturalmente, por más horrible que sea, se aprovechan otros para hacer esas películas en las que la mujer es torturada, violada y después asesinada ante la cámara para que luego se exciten los que pagan por ver eso.

Yo vi una película documental sobre esas mujeres, en la tele, que hablaba también de que esa ciudad mexicana era famosa porque durante los años de la Segunda Guerra crearon allí el coctel Margarita, y el gobernador del estado donde está esa ciudad decía que no había nada raro en los crímenes, porque esas mujeres visten minifaldas y ropas provocativas. Como si fuera el Alcalde de Cartagena.

Un día un hombre me llama: Oye, ¿tú eres Dania Londoño? Yo nunca me he puesto un nombre artístico, no he visto la necesidad o la conveniencia, el por qué. Y me dice: Mira, te quiero ofrecer un negocio. Ah, bueno, listo. Voy al restaurante donde nos citamos y él me dice que le gustaría que trabajara con él: El negocio sería que yo te voy a presentar hombres, extranjeros, en un apartamento siempre, y ya vas a tener algo más seguro, no vas a tener que estar boleteándote, y te voy a pagar mensual, una cantidad. No te voy a pagar por clientes porque no van a ser muchos, te voy a dar una mensualidad de diez, quince millones de pesos, con eso vives mejor, y solo atiendes cuando hay un cliente; son hombres de negocios, de alto nivel. A mí me sonó la idea, chévere. Y después tú me traes más niñas, y con esas niñas vamos armando algo, un negocio, una empresa. Yo soy empresario, viene mucha gente a verme de Estados Unidos, y para que vayas probando cómo es esto, mira, tráete una amiga hoy, para que tengas tu primera plata, con unos amigos míos.

Yo llego a su apartamento, y ahí él ya cambia su forma de ser, se comporta como un hombre arrogante, frío, duro, calculador, no era la persona que me mostró antes. Había drogas en la mesa, demasiada droga, y había armas, y resultó que yo era un regalo para un empresario o un político para el que era la fiesta. Y estaba mi amiga, que era nueva en eso, y que no era muy amiga mía, era más bien una conocida, y yo la estaba metiendo en ese mundo porque ella me lo estaba pidiendo.

Cuando estamos ahí ellos están drogándose con dos niñas, muy niñas, podían tener 15, 16 años, lindas, muy drogadas. El hombre que me había propuesto el trato cogía perico y les decía tomen, se los metía en la nariz, y ellas inhalaban, y después dos hombres se encerraron con ellas, hicieron como un cuarteto con las niñitas, que no eran inocentonas, eran tremendas también, o al menos eso parecían. Y a mi amiga ellos la querían obligar a que consumiera cocaína, pero ella no quería, y en eso el hombre me dice: Dania, ve con el doctor, y me da mi plata.

Yo me encerré con él, hice lo mío, así, *tras, tras, tras*, y cuando salgo la encuentro a ella llorando. ¿Por qué lloras? Es que este hombre me ha pegado, tengo miedo. Yo no me atreví a decir nada, había drogas, armas, yo sabía que me convenía quedarme callada. Cálmate, amiga, ¿por qué te pegó?, le pregunto. No, porque no quise consumir eso, perico. Y me cuenta que él la violó y la requetevioló ahí adentro, se la comió por adelante, por atrás, le hacía porquerías, le pegó, la golpeó, de todo. Quedó traumatizada la muchacha, pero él le pagó muy bien, le pagó mejor que a mí. Entonces le dije: Mejor cálmate, y le expliqué que como es tu primera vez tal vez te estás empeliculando, no seas dramática. Yo creía que ella me estaba mintiendo.

A la semana él me llama nuevamente, y me dice que vaya con mi amiga, con el mismo acuerdo de la vez anterior. Ese día nos habían pagado por el día, no habíamos hecho todavía el negocio que me había propuesto, de las mensualidades. Vamos entonces, y le digo a ella: Mira, actúa con inteligencia, si te piden que te drogues haz como que lo haces, aquí hay que sobrellevar al cliente, ser astuta. Ella: Bueno, lo haré así, y vamos.

Yo estoy con los hombres, paso rico, me divierto, me río, me dan mi plata adelantada. Ella se encierra otra vez con el mismo que le había pegado, y cuando sale del cuarto parecía muy drogada, estaban peleando, se formó una pelotera y él ahí sacó una navaja y se la clavó a ella. La chuza y nadie hace nada, todo el mundo mira como si fuera lo normal, los hombres extranjeros que estaban ahí.

Mi reacción fue salir corriendo, y entonces él me llama por el celular y me dice: Dania, lo que viste, o lo que ves, o lo que dejas de ver, tienes que ser como Shakira, ciega, sorda y muda, ¿oíste? Acuérdate de que tú tienes un hijo, sabemos dónde es tu casa, porque él se sabía toda mi vida. Y yo le seguí el consejo, y nunca más volví a ver a mi amiga, no se si ella murió, si él la siguió vendiendo, no sé nada. No teníamos ni amigos en común, ni conocía su familia, eso quedó así. Porque una tampoco puede montarla de atrevida con esta gente, de estar metiendo la nariz donde nadie te lo ha pedido.

Al mes él me llama nuevamente, cínico, como si nada hubiera ocurrido. Yo no tenía forma de comunicarme, él tenía "número desconocido" cuando llamaba. Un rato después de hablar tonterías le pregunto: Gordo, ¿qué pasó con mi amiga? Ella está mejor que tú, eso te lo aseguro, solo te estoy llamando para recordarte que no abras tu boquita, que no hables nada ni a tus amigas, ni a tu mamá, ni a la Policía, ¿oíste? Yo le dije: Te lo juro por Dios que de lo que vi no voy a decir a nadie nada. Y me mudé de casa, cambié de teléfono, vivía en Crespo y me fui para Cielomar. Y aunque hice todo eso, durante un tiempo largo viví traumatizada. Ahí fue cuando intenté suicidarme por segunda vez, me corté las venas, estuve hospitalizada, me iban a meter a clínica de reposo. Me desesperé y me corté para acabar con aquello.

Yo he sido fuerte en todo esto de ahora, porque en otros momentos me hubiera vencido: dos veces me he tratado de suicidar cuando tengo problemas fuertes. Soy muy débil, a veces. Y ahora he sido muy fuerte, pese a que estoy encerrada, aislada, que no tengo amigos, solo Tony, que está allá en Cartagena. Todos los demás que creía eran mis amigos, las que creí que eran mis amigas, me han vendido: fotos, historias, Internet está lleno de fotos mías, vendían entrevistas mis amigas, todo el mundo comerció conmigo. Y yo nada, en Madrid sin un peso. Tenía plata para mandarle a mi hijo, para las cosas. Pero de resto, sola, sin amigos.

Ahora todo el mundo me quiere porque saben que estoy ganando plata, porque en la televisión dicen eso. Pero mi único amigo de verdad es Tony. El dinero tuerce todo, la gente te ve con dinero y quieren sacarte provecho. Mi vida no ha sido fácil, y sigue siendo difícil.

27

La Cumbre Presidencial pareció estar hecha en homenaje al centenario de aquella noche en que el Titanic se fue a pique. La diferencia más notable, quizás, fue que aquella vez el 14 de abril cayó en domingo, y esta en sábado. Faltaron Cuba, Chávez y el Presidente de Ecuador, y el boliviano, Evo Morales, llamó en su discurso a comenzar una rebelión contra Estados Unidos. Nunca se pusieron de acuerdo para una declaración final de compromiso, ni sobre ningún tema importante, con lo cual la gran noticia que se llevaron los periodistas fue la del agente secreto de Estados Unidos y la muchacha que no se dejó.

Los efectos colaterales ya son de otra dimensión. Dania y su hijo se han quedado sin casa. No pueden volver, siente ella. Lo siente porque intuye el peso de las miradas que caerán como montañas sobre ellos, los murmullos a su paso. La doble vida se acabó, sabe. La casa en que vivían se ha reducido a cajas en un depósito. Cajas que guardan un pececito de colgar que marca la hora, un televisor de pantalla plana, los platos, los vasos, las sábanas de algodón, unos cuantos pares de zapatos, vestidos, ollas, sartenes, un secador de pelo.

Ella no lee, pero tiene algunos libros que ahora comienzan a humedecerse en esas cajas, y una Biblia que le regaló la muchacha que trabajaba en la casa. Y hay cuadernos del niño, un almohadón negro con un elefante dorado, dos ositos de peluche. Y una estrella de mar seca, un par de caracoles pulidos, una pequeña pecera, fotografías familiares enmarcadas en dorado, la burrita de madera que le regalaron a su hijo en un cumpleaños.

Aunque su vida ha tomado un nuevo rumbo y se mueve a una velocidad que por momentos le parece exagerada, Dania pasa mucho tiempo sola, deprimida, llorando. Y pensando en lo que ocurrió. Todo había sido transparente, teníamos un trato, un *deal*, que dicen ellos. Él sabía que yo no me iba a ir a acostar con él porque sí, y menos en Colombia. Yo le había dicho ochocientos mostrándole el ocho con los dedos, mi amiga le tradujo que ese era el precio, el amigo de mi *madame* también, no podía argumentar que no había entendido.

Que yo estaba aceptando tener sexo con él por dinero era claro, habíamos hablado de *money*, *cash*, él entendía. Él sabía, pero se hizo el bobo. Me dijo: *Lets go*, *bitch*, lárgate, horrible, gritado me lo dijo. Entonces yo salgo al pasillo, sin cerrar la puerta, para tocar la puerta de enfrente, donde está mi amiga con su amigo, a pedirles que me ayuden. Y cuando salgo él cierra la puerta con seguro, y me dejó afuera. Si no hubiera sacado el bolso no sé que hubiera hecho, porque ahí estaban mis llaves, mis papeles, mis jugueticos, mis herramientas de trabajo, todo. No debió hacerme eso, portarse así de mal conmigo. Yo no había rebuscado en sus papeles, no había estado mirando a ver qué documentos encontraba, no lo había comprometido.

La mujer cuya mejor oportunidad consiste en dar respuesta a la necesidad de sexo de los hombres, invierte recursos valiosos para estar bien presentada, bien bonita. Gasta dinero en vestirse sexy, por aquello de que "lo que no se exhibe no se vende". Ahorra una parte de lo que gana durante meses soñando con ponerse teticas grandecitas, y cuando tiene el dinero va a los "hacedores de mamitas", cirujanos que saben ponerlas bien ricas, talla 34 o 36, copa C, para así poder salir con camisa ajustada, botón adicional suelto, mitad de los senos al descubierto y la actitud de "mira de lo que te estás perdiendo, papito". Nada es improvisado, nada es gratis, todo cuesta.

Pero bajo las luces de la noche o del bar, el hombre que va a comprar no reconoce el esfuerzo que hay detrás de esa mujer que le sonríe mientras sigue con los hombros la música en la que una voz dice: *Hasta en sueños he creído tenerte devorándome, y he mojado mis sábanas blancas recordándote*, y vuelve a sonreírle cuando el cantante pide una *mujer que dibuje mi cuerpo en cada rincón sin que sobre un pedazo de piel*, y luego ruega: *Ay, ven, devórame otra vez.*

Un amanecer, atendiendo a un cliente en Santiago de Chile, Dania observaba por la ventana la niebla, esa textura de gasa que casi no le permitía ver al río Mapocho allá abajo, ni los edificios, ni la cordillera de esos Andes tan altos que le costaba aceptar que los Andes de Colombia fueran los mismos que estos. Cantaba bajito: *Tu párvula boca que siendo tan niña me enseñó a pecar*, ese bolero que se le había pegado en la noche, en un restaurante donde probó los erizos y comió locos con mayo. Y mirando esa cosa difusa, en medio de una desolación que le crecía por momentos, le dio a Dania por pensar en las mujeres de la calle en Cartagena, en el adoctrinamiento manso en gustos y prácticas que van pasándose unas a otras las chicas de los bares, y en el valor agregado de la sofisticación en la prepago. Y se sintió triste, pero *geisha*, sin saber muy bien qué era eso, ser *geisha*, japonesa.

Sintió que tenía el conocimiento que le permitiría al menos disfrazarse de *geisha*, que ella sabía que el sexo era más que eso en lo que trabajaban las cartageneras de los bares y la calle, más que esos ejercicios mecánicos, en los que no se piensa, ni se siente, que ya son casi automáticos. Y en plan autocrítica de género se dijo que las colombianas tienen fama de hacer obras de arte con la materia bruta que cae en sus manos, fama de conocer secretos africanos, de haber perfeccionado lo que hacen las orientales, de tener malicia indígena para aprender rápido lo que el cine porno muestra, pero no es para tanto. Pura fantasía de hombres que pagan, para convencerse de que lo que pagaron ha tenido buena recompensa.

Una prepago especial, *geisha*, en cambio, sabe recibir un hombre en crudo y prepararlo, ser paciente, acariciarlo, decirle cosas lindas, condimentarlo, y cuando le da la gana lo va cocinando a fuego lento hasta que el hombre pierde la conciencia de sí mismo. Entonces ella marca líneas en el cuerpo de ese hombre con sus dedos, esparce colores con los labios, le cosquillea el alma, y todo como un arte, procaz, pero con el más bello pudor en cada instante.

Las mujeres de la calle, en ese sentido, son aficionadas. Y en otro sentido, esclavas de la necesidad, trabajadoras, operarias de hombres primitivos. Sí, "zorras", como dirán las señoras agrias, mal comidas, incapaces de comprender que esa mujer de la que hablan tira con esperanza, y ese es su encanto. Esperanza de que un día se enamoren de ella, la saquen de allí, la lleven lejos, la hagan respetable. Algo que a veces pasa, aunque la mayoría de las noches y los días no hay más que *tiqui tiqui*, rutina, sabe Dania y piensa en los días que ha vivido.

En una entrevista me preguntaron qué pienso de este negocio del sexo, y yo creo que no es algo en lo que piense, porque es normal, no hay nada extraño en esto. Los hombres necesitan liberar sus deseos, y si no tienen tiempo para esforzarse en conseguirlo seduciendo a una mujer, convenciéndola, o no lo tienen con la que está con ellos, lo compran a quien se lo ofrezca.

La otra salida es vivir insatisfechos, como vivían en tiempos de mi abuela las mujeres, creer que el sexo es malo o que gozarlo no es bueno. Yo no entiendo muchas cosas, pero esa es una de las que menos entiendo. Mi amigo Tony me habló una vez de que hay una química cerebral del sexo, que la ciencia ya sabe qué factores intervienen en la generación del deseo, y también en el amor, y que hay estudios que muestran las áreas cerebrales que comparten el amor y el deseo, pero tienen diferencias entre los dos, no es lo mismo ganas, arrechera, encoñe, que amorcito. Y que hay hormonas y redes de neuronas que se activan cuando sentimos esos sentimientos.

Otras veces no sé lo que ocurre, pero una no quiere saber nada de nada con eso. O con un hombre. Creo que la primera vez que no me gustó eso que hacía fue un día que me tocó ir de dama de compañía. Me llama una amiga: Te necesito para que vayas a una situación con un amigo, pero no vas a hacer nada, solo dama de compañía, que ahí pagan un poquito menos, a veces la mitad, eso depende. Entonces estaba de dama de compañía en un restaurante, era un cierre de negocio, y el hombre con el que estaba no me gustó, me resultó asqueroso, no quería que me tocara ni la mano, no quería estar a su lado siquiera.

Yo estaba metida en el Blackberry, no prestaba atención a la conversación, diciéndole a mi amiga: Me quiero ir de acá, estos hombres no me gustan, estoy desesperada, me quiero ir, ¡me quiero ir! Y salí de eso casi sin recibir un peso, porque en un momento no doy más y le digo al hombre: Ay, me tengo que ir, me siento muy mal del estómago, me voy. Y me fui, perdiendo plata, porque no me dieron sino como 200 000 pesos. Perdí mi tiempo, pero me sentía incómoda, me ponía mal que todo el mundo me estuviera viendo con este hombre. Es que hay hombres con los que no puedes, por más estómago fuerte que tengas.

Otras veces no es que no puedas, sino que no quieres. Una vez me pasó eso con un odontólogo, que es un señor, conocido él, porque es importante, y que era amigo mío, pero yo nunca había estado con él, solo le echaba a mis amigas y cobraba mis comisiones. Pero ese día estaba sin plata, y me llama, yo no tenía ninguna amiga para enviarle, entonces voy, pensando que salía rápido de eso, y él hable y hable. Yo no quería escucharle más, ni hablar una palabra más, que llegue el momento, ya, quiero salir de aquí.

Y le doy besitos en la boca, lo toco por aquí, comienzo a decirle cositas, para llegar al momento... Peor, porque nos acostamos y era tirando, tirando, y nada que acababa, y yo pensaba: Ay, Señor, sácame de esta, ya no quiero más, y el hombre nada que terminaba, y yo tenía que esperar a que se viniera para que todo quedara cerrado. Yo le decía: Ya, vente que me tengo que ir, ya tu tiempo se acabó, me da mucha pena. No es que nosotras manejemos tiempo, que le digamos al cliente tantas horas, no, pero eso era un infierno.

Aunque la mayoría de las veces una trate de salir rápido del cliente, y aunque lo que más compra el cliente es lo divina que una esté, la prepago toma nivel también según lo rico que lo haga. Y eso que nadie ha nacido sabiendo. Una lo va descubriendo, ve porno y aprende, dice: Ah, esta mujer hace esto, a los hombres les gusta eso, y una se mete en la cabeza el morbo. Yo me metía mucho morbo en la cabeza, y ahí una juega, eso es un juego en la cama. Y cuando son tríos, cuartetos, desorden, es igual pero pagan más. Porque como no hay intimidad, una cobra un poquito más por hacerlo.

Yo prefiero la intimidad, con un solo hombre, y ahí hago mil maravillas, pero cuando está el morbo de que queremos ver, pues cobro más. Me fumo un tabaco de marihuana para coger poder, para coger fuerza, y ahí me meto en el cuento, me lo creo, y lo hago. Pero no me gusta besar a las mujeres en su chocho. Les beso las tetas, pero no abajo. Que me lo hagan a mí me gusta, que me besen, pero no hacerlo. Me gusta porque las mujeres conocemos los puntos débiles de nosotras mismas, sabemos dónde es más rico, y por eso con una mujer es más rico hacer el amor que con un tipo.

Sadomasoquismo casi no he hecho, porque que me peguen no va conmigo. Pegar sí. Una vez un alto ejecutivo me dice que no quiere tener sexo, que quiere que le amarre las bolas, eso. Yo no tenía con qué amarrárselas, así que lo hice con los cordones de sus zapatos, muy duro, y eso le excitaba. Le di cachetadas, que me pidió, y gemía, le gustaba. Hay hombres a los que les gusta, son casados, no pueden hacer eso con sus mujeres, pedirles sus fantasías y me buscaban a mí. Y yo me desquitaba, me liberaba de cosas que tengo adentro, rabias que traigo. Aprovechaba cuando ellos me pedían esas cosas, gozaba, disfrutaba haciendo eso, sexo masoquista, que al principio me daba miedo.

La mujer que está en esto pasa muchos sustos. Por cosas que le piden, por reacciones que a veces tiene el cliente. Pero más que nada porque sabe que esto no es para siempre. A una mujer que trabaja como yo trabajaba, de prepago, por ejemplo, le da mucho más miedo envejecer que a las mujeres que se consiguen un marido. Porque una piensa: Voy creciendo, se me va acabando la belleza, se me va a ir acabando el cuerpo, ¿y después qué? ¿De qué voy a vivir si mi trabajo es mi cuerpo?

Hay mujeres que se quedan trabajando hasta viejas, si no consiguen al hombre para casarse y hacer otra vida. Si no me hubiera ocurrido todo esto, que me abrió la posibilidad de cambiar mi vida, yo estaría pensando como ellas, en conseguirme un buen hombre que me llevara, casarme. Yo pensaba: Ay, ojalá entre esos extranjeros que conozco consiga un buen hombre, uno de esos que me llevan de viaje, que se enamore y se case conmigo. O pensaba en coger cualquier hombre y sacarle todo el dinero que pueda y ahorrarlo para después tener un futuro solo mío.

A mí siempre me dio guayabo moral esto, y siempre soñé con retirarme un día. Todo el tiempo yo decía: Ya no quiero más, no quiero más hacer esto, pero ¿qué voy a hacer, de qué vivo? Me toca. Y ahí seguía. Pero yo estudié, terminé mis estudios, soy esteticista y cosmetóloga, he ido a congresos, y mi sueño siempre ha sido montar un *spa*.

Muchos tipos de esos a los que les gustan las prostitutas hacen un razonamiento: que si tuvieran una esposa, una novia permanente, les costaría más caro que pagarle a la prepago o a la prostituta que les gusta y puede hacerlo con ella cuando él quiere, sin pedírselo, sin andar detrás rogando. Ellos lo dicen: No joda, mi novia, mi amante sí me sale cara, en cambio contigo yo vengo cuando quiero, me gustas, te pago, hago lo que quiero, y luego tú haces tu vida, yo la mía, no me complico. Ellos saben que es más rentable elegir lo que se quieren comer y pagar por eso, aunque aparentemente sea caro, y que es más rico comer a la carta que aguantarse menú fijo. Si un hombre tiene diferentes mujeres para escoger, la que quiera, la que se le antoje ese día, ¿para qué va a estar siempre tirando con la misma, y tener que pagarle apartamento, ropa, caprichos?

Una vez, jugando, me metí en un bar de prostitutas, porque quería verlas. Conocía a algunas de ellas, que habían ido conmigo a hacer vueltas, contratadas, pregunté si estaba una de las que conocía y entré con ella. Quería ver cómo hacían *striptease*, cómo se desnudaban las mujeres en un bar. Y lo vi y me pareció algo chévere, las veía bonitas, cómo se mueven, y después volví a ese bar con un novio. Aprendí muchas cosas viéndolas, cómo se muestra una más chévere, cómo más sexy, pero lo que más me impresionó fue pensar en cuánta mujer bonita, rica, tiene un hombre a su alcance, y cómo es que se conforma con una que le arma problemas.

Pienso que es por eso que este negocio se mantiene tan bien siempre. Hay crisis, negocios que quiebran, pero donde hay sexo nunca deja de circular el billete, porque la gente quiere sexo, siempre hay plata para eso. Pero los problemas económicos en el hombre se sienten, les afecta muchísimo, les baja la nota, aunque igual quieren. Porque buscan olvidar tal vez, entonces van donde hay mujeres, para salir de esos problemas. A veces están con nosotras y están afectados, no pueden hacerlo, no se les para el pipí, tienen *stress*, y te explican, les da pena, es porque tengo problemas económicos, es porque tengo problemas en casa. Por eso la prepago se pone bonita, se perfuma, para que el hombre entre en una fantasía con ella, que se olvide de lo que anda cargando, de sus tristezas, de sus miserias.

A mí me gusta usar perfumes, tengo miles en casa, y voy cambiándolos. Cuando trabajaba de prepago muchos clientes me pedían el *Ice blue* de Dolce Gabbana, entonces lo tenía permanente para salir, porque les encantaba. Pero yo cambio, porque cuando tengo siempre el mismo olor me patea, quiero ser cada vez distinta. Los hombres son rutinarios en eso, les gustan los perfumes dulces, eróticos, y hay algunos a los que les gusta el olor a madera. Y no quieren probar un perfume diferente.

Soy como loca, me doy cuenta, vengo en un tema, me cambio a otro y enseguida salto a otro nuevo. Pero creo que así es el mundo, y yo no soy más que un pedacito de eso. Cosas, cosas y cosas, que se conectan, que se desconectan, que producen otras cosas, que se rompen, que se arreglan. El mundo es raro, y una es parte de eso.

Una dice normal, pero nada es normal. Todo es raro, diferente. Por ejemplo, un día me llama una persona y me dice: Dania, te voy a presentar unos amigos, como diez amigos, para que vayas tú con tus amigas a la discoteca Babar, ellos son muy jóvenes, como de unos 25 años, sus papás nos van a dar el dinero para pagarles a ustedes la rumba, todo, y agregarles un extra a la tarifa de cada una. Ustedes llegan divinas a Babar, se encuentran en la zona VIP, ellos van a estar ahí, escoltados. Y así fue. Cuando llegamos allí estaban ellos, muy bien vestidos, con camisas Polo, pantalones de marca, zapatos de marca, sus relojes divinos, simpáticos, pero de lejos.

Antes de salir yo siempre fumo, y a veces me paniqueo, me hago historias, me empeliculo, y me pasa que conozco a alguien y me pongo a buscarle defectos, o a pensar que me va a hacer algo que yo no quiero. Y ese día fue un poco así, yo los miraba cuando íbamos llegando y les decía a mis amigas: Marica, estos hombres son mongólicos, tienen síndrome de Down, ¿no les parece? Y ellas: No, qué van a ser mongólicos, tú siempre con tus cuentos. Y yo que sí, analícenlos, miren cómo hablan, cómo se ríen, cómo bailan, cómo mueven sus manos. Y ellas que no, que corta ya con eso.

Y resulta que estos sí eran de esas personas que van a escuelas de chicos diferentes, y nos pagaban extras por eso, para que nosotras tuviéramos sexo con ellos. Entonces bailábamos, nos reíamos, bebíamos champaña, una que se acababa y otra que venía, una cantidad de botellas. Y ahí una de nosotras me dice: No, amiga, yo me quiero ir ya para mi casa, siento que me estoy boleteando mucho con estos mongólicos aquí, vámonos. Yo le digo: No, no nos podemos ir hasta que nos paguen, más bien digámosles que vamos adonde ellos están viviendo.

Y para allá nos fuimos, los escoltas iban unos adelante, otros atrás, y bajando por las escaleras de Babar me caigo yo, y ellos corren y me recogen, qué vergüenza, tras que voy con mongólicos me caigo, pienso. Después llegamos a la casa, divina, de las casas más divinas a las que hemos ido nosotras, una de esas casas antiguas en la ciudad vieja, entre las murallas.

Ellos eran mexicanos, y hablaban todo así: *Órale, ándale, pinche güey.* Y había una piscina y les digo a mis amigas: Vamos a meternos a la piscina desnudas, para ver qué reacción tienen, si se ponen loquitos o qué. Nos desnudamos, nos metimos, y ellos comenzaron a brincar y a aplaudirnos así, golpeando con la parte de las manos por donde la gente se corta las venas. Eso fue muy divertido. Después vino el tener sexo, y una amiga propuso irnos todas juntas con ellos, para ver la reacción que tenían, y ayudarnos si había problemas, porque un poco nos daban miedo.

Nos hemos encerrado en una habitación, cada quien con el suyo, pero todos juntos, y eso fue chistoso, se miraban entre ellos, no sabían bien qué hacer, parecían como esos enfermos sexuales cuando tienen a una mujer desnuda y le quieren hacer tantas cosas al tiempo que no hacen ninguna. A unos no se les paraba, pero mi hombrecito fue de los buenos, siempre tuvo su pipí parado, a él no se le bajó en ningún momento. Pero cuando se colocó encima de mí, *juás*, se vino enseguida. No hizo nada, eso fue cuestión de segundos, pobrecito. Me lo quité, y ahí fueron terminando los otros más o menos, nos pagaron, un montón de dinero había sobre una mesa, y no sabían ni contar la plata. Nosotras llamamos a los escoltas, no fuera que después dijeran que les habíamos robado.

Y así terminó, ellos se fueron a dormir y nosotros nos quedamos hablando con los escoltas, unos que venían de allá, y el conductor y otros que eran de Cartagena. Nos contaron los guardaespaldas mexicanos que los papás de los chicos, entre todos, hacen una bolsa de plata y los mandan de viaje, festejándoles algo a ellos, los mandan de vacaciones en avión privado, con los guardaespaldas y con gente que los cuida. Una de mis amigas salió con ellos otro día, le parecían excitantes. A mí no.

28

Mi mejor amigo es Tony, que es un amor, una persona muy pasiva y al mismo tiempo muy explosiva, pero a mí me equilibra. Cuando estoy gritando, él me calma, me conversa, me tranquiliza. Es un amigo de verdad-verdad, casi como si fuéramos hermanitos. A veces pienso que con él es como si viviera en un lujo, que tengo un mayordomo, que me acompaña a mis vueltas, me espera afuera, como mi sombra. Tony ha sido estos años quien me ha hecho todo, y aparte de eso me habla lindo, me sube la autoestima cuando la tengo baja, cuando estoy deprimida, llorando. Es la persona a la que le cuento todo cuando me pasan cosas feas, el amigo en el que confío, del que nunca espero daño.

Tony me ayuda a escoger zapatos, que me ponen débil cuando los veo. Tengo zapatos de todos los colores, *stilettos*, tacones aguja y de todo tipo, me encantan los zapatos. Y los bolsos. La ropa no me importa tanto. Tengo como unos cuarenta pares de zapatos, y viajo con siete, ocho pares, siempre. Y la ropa interior me gusta negra y de encaje, para salir. Pero solo hilos, ropita muy pequeña.

El pubis me lo rasuro yo misma. Me gusta así, como bebé. Y a los hombres eso les excita. Les da morbo. A algunos hasta los pone raros, como a un comandante de la Policía al que me regalaron una vez. Yo digo que esas son personas reprimidas y para tirar son más bruscas, o quieren hacer cosas fuera de lo normal. Pero es como si se defendieran. En especial si algo les gusta demasiado, yo diría que es como que se sienten rebajados, como que pierden la autoridad y eso les molesta.

A Tony le cuento mis sueños. Tengo sueños raros, pienso que mi mente trabaja misteriosamente. Cuando como mucho en la noche duermo mal, tengo pesadillas, que me están corre-teando, que me están matando. Pero cuando tengo sueños lindos, sueño con novios, que estoy haciendo el amor, maravi-llas. O sueño con mi hijo, que vamos de paseo, que estamos disfrutando en un lugar tranquilo. A veces sueño con mi mamá, y también con mi abuelo que está muerto.

Me gusta hacer listas de cosas que me gustan, o que no he hecho, o que quiero repetir, o que no. Partidos de baloncesto, sí. Ir a museos, no. Subir a montañas rusas, sí. Apostar en las carreras de caballos, sí. Ir a funerales, no. Cuando me aburro casi siempre llamo a Tony, y a veces jugamos a eso. O hablamos de cualquier cosa, una mujer que asesinó a su marido con una sartén, un violador de secretarias que a la salida del trabajo las amenaza con una jeringa con sida.

Hace años en Barranquilla unas mujeres asesinaron a gol-pes de tacones a la amante del marido de una de ellas, me contó Tony, o no sé si fue él, no recuerdo exactamente. Pero en la Costa es así. Hay que andar con mucho cuidado. Si una cobra por polvo no hay problema, pero si te vuelves "la otra", eso es cosa seria.

Tony dice que a veces soy como soñadora. Y un cliente me dijo una vez que tenía algo de poeta. Yo no lo creo. Me parece que soy una mujer muy realista, a veces un poco niña, solo eso. También tengo algunos otros amigos, pero nadie tan amigo como Tony. Y en Bogotá tengo un par de amigos gays: me gusta mucho cómo ven la vida, la alegría que tienen.

A los transexuales los respeto, como respeto a todo el mundo, pero amigos transexuales no tengo. Y cuando he estado en algunas fiestas donde había gente así, nunca he tenido nada que ver con ellos, sexualmente, quiero decir. Me da un poco de asco estar con una pareja que lo estén haciendo por atrás, no va conmigo.

No me gusta la realidad cuando viene torcida. Como esos tipos que se mueren porque les hagan beso negro, beso griego. Yo jamás hice eso. O como cuando a una le toca ir a fiestas en fincas y soportar hombres que tienen plata y piensan que la plata es lo único que cuenta. En esos casos Tony me ayuda siempre a pensar frío, a ver qué me conviene. Ahora que me doy cuenta, estoy refiriéndome a todo esto como si siguiera ocurriendo, pero todo esto que viví es pasado, cosas que ya no haré, me parece que eso es claro.

Una vez lo hice al tiempo con el papá y con el hijo. Una sola vez. A mí me daba mucha risa, porque en todo momento era consciente de que eran el papá y el hijo, y una no puede dejar de tener presente un detalle como ese. Es como si supieras que el tipo con el que estás en la cama es un marciano, y todo es normal, pero no es normal porque sabes eso. Saber las cosas lo cambia todo. Si yo hubiera sabido que ese hombre era del Servicio Secreto creo que hubiera sido distinto, diferente. Me refiero a la noche en que ocurrió aquello, y también lo que pasó después.

¿En qué estaba pensando cuando hice eso, cuando le reclamé así lo que habíamos acordado? Supongo que en mis derechos, obvio. Pero en realidad, creo que no pensaba. Solo estaba indignada, me sentía estafada, sentía que él no tenía derecho. Un trato es un trato, y el primer trato es poder confiar en la palabra del que se compromete. Por eso después hicieron ese chiste de que lo que me pasó a mí era como lo que le iba a pasar a Colombia con el Tratado de Libre Comercio, que por delante te dicen una cosa, te prometen millones de pesos, y luego te salen con monedas.

Aquella vez con el hijo y el padre me divertí mucho, y ellos también. Fumamos una *creepy* muy buena, y después "intercambiamos fluidos corporales", como decía el hijo que decía su novia. Él se reía contando que la chica le decía lo de los fluidos, pero yo creo que ella quería ser sexy cuando le decía eso, pobrecita. Era bastante loquito el muchacho, me acuerdo que en un momento dijo que un día se metería las cenizas de su padre aspirándolas en línea, mezcladas con cocaína, como hizo uno de los Rolling Stones, creo. Y el papá se divirtió mucho cuando el joven dijo eso. Eran muy lindos, fue todo muy bello, divertido. Los mejores momentos de la vida son esos en los que hay mucha risa.

Pero eso fue hace mucho tiempo. Recuerdo que en un momento, fumando, mirando el techo, hablamos del *spa* que un día voy a montar, porque de eso no hay duda, yo siempre logro lo que me propongo, soy muy firme cuando digo voy a hacer tal cosa, esto, aquello. Un *spa* de lujo, grande, muy amplio, en colores suaves, que inspiren naturaleza, paz, que huela exótico, pero no hippie. Y el papá me preguntó, medio en chiste: ¿Tu seguro tiene cobertura para eso?, como queriendo decirme que si un día me embarco en el *spa*, me meteré en la grande, dejaré atrás mi vida divertida.

Me gusta meterme en la grande. A veces te metes y ni te enteras. Vienes a enterarte de lo que hiciste, o en la que estuviste, muchos días después. A mí me ha pasado, no solo en el caso del agente gringo. Me ha ocurrido otras veces, cuando me llamaban para una fiesta, iba a una finca, había unos hombres, había armas, drogas, y al tiempo veía a alguno de esos tipos en los noticieros. Y te asustas, pero vuelves. Solo que la próxima vez, como sabes, te preparas, te dices: Dania, mantente relajada, como dormida, que el dinero que te van a pagar es muy bueno. Porque el dinero no es pan comido, como dicen. Cuesta hacerlo. Y hay que respetarlo, venga de donde venga. Al menos eso creía, ahora no estoy tan segura de que yo crea eso.

No recuerdo haber hecho una "lluvia dorada", si lo hubiera hecho seguro lo recordaría, pero no me gustan esas cosas, aunque si me hubieran ofrecido plata por hacerlo hoy podría contar qué se siente. Imagino que debe ser agradable, orinarle la cara a un tipo que te está pagando para que le hagas eso.

Me gusta nadar en piscinas, y desnuda más, pero que nadie me vea. Adoro la intimidad. Flotar sobre una colchoneta, con las gafas bonitas, una copa de vino. Me encanta el vino. Es mi bebida favorita. Tinto, rojo. Me gustaría tener un anillo con un rubí líquido, una gelatina de rubí. Me gusta sentir cosas diferentes. Y me gusta sentir el agua acariciarme. No hay un hombre que acaricie así.

Me gusta mirar a las mujeres en las piscinas, la piel brillándoles con el bronceador que huele a coco, los pechos que se mueven como en un líquido denso, una melaza, los hombres pensando en cuánto costará una hora de esta, de aquella, qué servicios incluirá el acuerdo. Y como angelitos más allá mi hijo y otros niños gritando detrás de una pelota, chapoteando, salpicando, mojándole con cloro el cebiche al señor que mira como quien selecciona terneras en la finca para mandar al matadero.

Me gustaría apostar a cuál de todas nosotras le propondrá un polvo en su apartamento o en la habitación de su hotel. Me imagino que alguna dirá un precio, negociará quizás una o dos veces, él dirá que sí y una hora después habrá ocurrido, cambiarán las sábanas, traerán toallas nuevas, y todo estará listo para que ocurra otra vez.

Ahora yo estoy fuera de ese juego. Si no fuera porque me reconocen del escándalo, nadie me miraría más que porque estoy buena, sospecho. Tiendo la cama, cocino, me gusta estar la mayor parte del tiempo en casa. Hago un poco de gimnasio, algunos días dietas, cuando me siento insegura con mi cuerpo, cuando me veo gordita. Tengo claro que una cosa es estar buena y otra gordita.

Cuando pienso en el futuro me da miedo, obvio. ¿A quién no? En estos días se escucha cada cosa, que hay que tener estómago de piedra para que no te dé miedo. No es la muerte exactamente lo que temo, es algo diferente. Cuando estoy normal la muerte me da un poco de miedo, sí, pero cuando estoy depresiva ahí sí que tengo un problema, porque me atrae sobremanera.

29

Conozco chicas que han hecho sexo por teléfono, pero yo nunca he tenido negocio con eso. Lo hice con mis clientes, y me pagaban, clientes fijos, con los que quedamos ennoviados. Los estimulaba, jugábamos, y ellos me pagaban al día siguiente. Pero no lo hacía con todo el mundo, no es que tuviera un servicio de: Mira, te pago para que hagamos sexo por teléfono, *morbófono*.

Cuando lo hacía le decía al hombre que imaginara que estaba conmigo, que dónde me ponía la mano, que cómo yo me abría, que me sobaba por acá, que le ponía la lengua en la oreja, que él me metía el dedo en el chochito. Y él se masturbaba mientras me escuchaba, y cuando lo hacía con mi novio también yo me masturbaba mientras le decía cositas.

Un día que estaba con un cliente en Panamá, llamamos a una línea caliente. El hombre se puso a mil con eso. Colocó el teléfono en altavoz y yo escuchaba. Él reía, al principio me tocaba, pero después se sentó en un sillón al lado del teléfono y empezó a masturbarse. Y yo ahí, de piedra. Y la voz: No sé cómo contarte esto, nunca lo he hecho antes, soy virgen, pero quiero contigo… aunque no estoy segura de poder satisfacerte, porque no sé muy bien cómo, nunca lo he hecho... Yo sé que te gustaría verme las tetitas. Son firmes, duras, mira cómo me acaricio los pezones, mira qué duros se ponen... Mmm... ¿Te gustaría follarme?, decía ella, que era como española, y ay, cariño, ¿te gustaría pellizcar mis pezones rosaditos? Mmmmm... ¿La tienes dura? Ahhh... Te siento, te siento... Está cada vez más gorda, ¿no es cierto? ¿Vas a meterme eso en mi coñito apretado, vas a hacerme retorcer?

Después llamó a otro número, y lo mismo. Pero en este la mujer parecía colombiana, hablando como en neutro, como hablan las mexicanas cuando doblan las películas. ¿Quieres que te la chupe? Relájate y túmbate mientras rodeo con mis labios la punta de tu glande y me meto tu vergota en la boca, ahhh, qué rico, qué rico, papito, estoy sintiendo cómo tus muslos se tensan. Así, cariño, cómeme la boca.

Pero esta no le gustó tanto, y llamó a otra que le empezó a decir que bajas la cremallera de mis pantalones y metes tus manos, buscas en mis *panties*, ¡Dios...! Oh, sí... méteme un dedo en mi raja... ¡¡Oh!! ¿Vas a comerme, o solo quieres que sufra? ¡Quiero que me comas! Quiero tu verga dura dentro de mí y hacer que mi coño goce... Ay, no puedo esperar más... Me voy a tumbar de espaldas, abierta para ti... ¡Destrózame!! ¡¡¡Ahhh!!! Más rápido, más rápido...

En Panamá hay señores de mucho dinero un poco pervertidos. Tengo una historia con un viejo, un empresario chino de allá, que me compraba relojes, bolsos, zapatos, me regalaba celulares. Un hombre que tiene demasiado dinero, hasta un avión privado tiene. Yo lo conocí por medio de un periodista de Cartagena, amigo mío, que un día me llama, para el reinado de belleza, en noviembre, y me dice: Oye, Dania, vamos a ir al desfile en lanchas, el desfile ese de las balleneras, con un empresario panameño, ¿quieres ir? Yo tenía muchas invitaciones, pero todo era desorden, desorden, y se me presenta esta oportunidad de que me iban a pagar. Entonces le pregunto:

¿Cuántos años tiene el señor? Me dice que como sesenta y pico, dile que me dé un millón y yo voy por el día, sin nada a cambio, solo por compañía. Me dice sí, yo te lo arreglo.

Me coloqué *regiosísima*, divina, toda exótica y hasta en zapatos altos, de esas plataformas playeras, y me fui a montar en la lancha. Cuando llego había dos exreinas de belleza, gente de la farándula, de la televisión, dos amigos míos que son pareja gay, todos felices en el yate de este hombre. Y llego yo y él se impactó conmigo. Me dice: Oye, ¿tú tienes cámara para que me tomes unas fotos con las reinas? Le digo no, y me dice: Ah, bueno, te voy a regalar una, toma, y me regala tremenda cámara.

Después me dice: ¿No quieres un celular? Si me lo regalas, claro, y me regala un Blackberry de esos que se deslizan, los *touch*, blanco. No joda, digo, ya estoy aquí en millón de pesos, celular y cámara. Y él estaba con una prepago que parecía la novia, pero no estaba segura de si era la novia, aunque cuando yo le coqueteaba a él ella me miraba feo. Yo tenía un vaso, estaba tomando un whisky, y la lancha se movía mucho, y como a mí la vieja me cayó mal, no sé por qué, pero me cayó mal, aprovechando el movimiento de la lancha hice con el whisky así, *pláf*, y se lo tiré encima. Y le dije: Ay, qué pena, se me derramó. Ella se secó, no me dijo nada, y cuando hice eso él se reía, porque me vio y entendía lo que pasaba.

Ahí me dicen mis amigos gay: Tú eres la cagada, ¿no ves que esa es la novia de él? Ay, qué pena, digo yo, haciéndome la tonta. Y en eso él me robó un beso, y cuando se acabó el paseo de las balleneras me dice: Dania, ¿por qué no vienes a cenar con nosotros? Ay, qué regio, digo yo, ¿adónde vamos? Al restaurante de Silvia Tcherassi, que es muy bueno, pero vente de blanco que vamos a ir todos vestidos de blanco. Como a mí me gusta llevar la contraria, me fui vestida de negro, pensando: Tengo que marcar la diferencia, ¿por qué voy a ir vestida de blanco igual que todos?

Y llego y todo el mundo se queda sorprendido, pero no me dicen nada. Comimos, disfrutamos, y en las vitrinas del restaurante hay cosas que venden, y había una mochila que costaba millón quinientos, y yo: Ay, qué mochila tan bonita, quisiera tener una mochila así. El hombre me la compró enseguida, y ella ahí, pendiente, la prepago. ¿Tú no quieres una?, le pregunto, ven, y el viejo le compra otra a ella. Y ahí quedó él como gustando de mí.

Al día siguiente, temprano, la manda de viaje, porque ella vivía en Pereira. Él era horrible, le decía a la mujer: Vete, ya no quiero estar contigo, y a la mujer le tocaba de una irse, así era. Pero cuando a mí me decía algo que no me gustaba, yo le respondía con algo que tampoco a él le gustaba, yo no me dejaba de él. Y a él le gustaba ese reto mío, de que esta hijueputa no se deja como las otras.

Entonces salimos, y me dice: Te voy a ayudar económicamente, pero quiero que te portes bien. Hasta ahí yo no me había acostado con él, y ya estábamos solos, porque el Reinado de Belleza se había acabado y cada uno de sus amigos cogió su rumbo, pero yo vivo en Cartagena, y me dice: Dania, ¿por qué no te vienes para mi apartamento? Ah, bueno.

Llego al apartamento, él cierra la puerta y me pregunta: ¿Tienes jugueticos? Le digo: Tengo, pero en mi casa, acá no. Ah, yo acá tengo esposas, vibradores, qué chévere. Yo digo a este viejo le doy tres vueltas y ya. Pero él se me adelanta, me esposa a la cama, me echa un poco de arequipe en el cuerpo, y a lamerme, y yo riéndome al principio, me parecía divertido, lo disfrutaba… Entonces saca un vibrador, y digo: Me va a meter el vibrador, pero me suelta y me pide: Méteme este vibrador a mí. Ay, ¿tú nunca le has metido un vibrador a un hombre?, y yo decía por debajo: Uf, estoy cansada de hacerlo, y pensaba, ahora este hombre es gay.

Empiezo a jugar con el vibrador con él, pero yo no se lo quería meter, solo ponérselo en los huevitos, y en los bordes por atrás, porque de capricho dije: No se lo voy a meter, y no se lo metí. Ay, ¿pero por qué así?, me decía, y se ponía en poses, y yo: No, no quiero metértelo, y ya me quiero ir para mi casa, y él: No, tú no vas a salir de aquí. La puerta cerrada, y el celular sonándome, me estaban solicitando, y él me quita el teléfono, el que me había dado, y lo deja caer en el inodoro.

Yo me puse a llorar por mi teléfono, porque el otro que tenía ya lo había vendido. Y él me dice: Ven acá, y abre un *clóset* y tenía mil teléfonos, porque le regalaba teléfonos a las mujeres. Y había gafas, de todo, pero por cantidad, y teléfonos mejores que Blackberry. Entonces me dice: Va a venir un amigo que viajó de Panamá conmigo, tú lo tratas bonito, que yo te pago al final. Llega su amigo, y el viejo me dice: Quiero que mi amigo se siente y nos vea tirar a ti y a mí, y después tú con él y yo los miro.

Yo le dije: ¿Cuánto me vas a dar por eso? Y él: Te voy a dar el mismo millón. Me das cinco millones y me quedo, si no, no. Que no, que solo el millón. Y presionándome que tenía que estar con él y el otro viendo, como que se quería sentir el más macho, que el otro nos estuviera viendo, que me iba a hacer el amor a la fuerza.

Y bueno, lo hicimos, y entonces yo digo: Ahora quiero ver, y ellos que no, haciéndose que ellos no eran gay. Y de ahí no salí en tres días, encerrada, me tenía secuestrada con billete. Tres días en ese plan, yo pensando: Bueno, me voy a ir con mis tres milloncitos para casa, cuando me sale el viejo con seis millones de pesos: Coge, y de aquí en adelante te voy a mantener. Uy, que ya me la eché aquí con el viejo, pienso yo feliz.

El viejo se va para Panamá, y duramos tres meses hablando casi todos los días, hasta que un día me dice: ¿Te quieres venir para Panamá? Me manda los tiquetes, y me manda a un escolta a recogerme en el aeropuerto, me lleva al hotel Río, un hotel divino, me deja dinero, como veinte millones de pesos en dólares, y me dice: Coge para que te compres cosas. Yo llegué en la mañana y él me dice: Sal de compras hoy en la tarde, porque después nos vamos a ir a un lugar que queda fuera de Panamá. Vamos a ir donde un santo a pagar una manda, yo voy a pagar una manda, tú me vas a acompañar. Le digo: Ah, bueno, pero yo no sabía qué era pagar manda, esa vaina que él decía.

Me dice: Vente en tenis, zapatillas, y cuando me recoge nos vamos fuera de la ciudad, dejamos el carro en un lugar y me pone a caminar como dos horas para llegar al santo, el Santo Atalaya lo llaman allá. Yo nunca había caminado ni siquiera media hora, y ahí camine y camine, y cuando llegamos me dice: Vamos a prometerle al santo que todo lo que ocurra entre tú y yo nunca se va a saber. Y si tú no cumples con eso, el santo se cobra contigo y te perjudicas.

Él era como loco, chino, pipón, maluco, pero yo lo disfrutaba, me daba risa, y tenía mucho dinero. Entonces hacía lo que él quería, y ahí hacía que le rezaba al santo, del que nunca en la vida había oído hablar. Y luego a devolvernos, otra vez a pie, yo no podía más, me enfermé, se me llenaron los pies de burbujitas, pasé mal. Y ni me hizo sexo ni nada, solo la ida al santo.

Regreso a Cartagena y digo: Yo no voy a ver más a ese hombre, me da miedo. Le cuento a Tony, y él se me reía, amiga, ¿por qué no tuvieron sexo delante del santo? Ay, Tony, deja tu morbosidad. Y después él empieza a mandarme plata por Western Union, porque tenía mi cédula por los tiquetes, y llamaba y me decía: Dania, te mandé tanto, pasa a reclamarlos. Yo decía: No le he pedido nada y me está enviando dinero, qué regio. Y él me preguntaba: ¿Ya no estás haciendo eso de salir? No, ando superjuiciosa. Mentira, yo no me comportaba juiciosa, reclamaba la plata y seguía haciendo mis vueltas.

Entonces un día me dice: Voy a ir a Colombia, y llega en un avión privado. Y nos vamos a Medellín, allá llegamos a una discoteca que se llama Los Mangos, y cuando estamos ahí las viejas ya lo conocen, gritan todas saludándolo, y él cierra la discoteca. ¿Cómo hizo? No sé, pero cerró la discoteca para él y un poco de viejas. Yo nunca había ido allí, no sé si es una discoteca de putas o si es una discoteca normal, pero había solamente mujeres, y él dice vamos a hacer un reinado, todas estas mujeres son las reinas y tú eres el jurado, y a la que gane le vamos a dar un carro. ¿Y por qué no me das un carro a mí?, le digo rebotada. Porque tú no te lo has ganado, me responde. Tú eres muy mentirosa y muy cínica, me dice, así, mal, y me hacía sentir más mal la forma en que me lo decía. Tú no te mereces nada, me decía. Seguro que se había enterado de lo que yo seguía haciendo y estaba dolido por mis mentiras.

Y les había llevado a esas mujeres vestidos de baño, ropas chéveres para el reinado. Y aparte de que le voy a dar un carro a la reina, dice, va a tener sexo conmigo. Yo me sentía mal, porque me había llevado allí como su novia, como a la pereirana en las balleneras, y se iba a comer a otra vieja. Me estaba haciendo sufrir, no sé por qué, pero él quería hacerme pasar por eso.

Entonces todas desfilaron en vestido de baño, en vestido, desnudas. Y bailaban, hacían de todo para ganar, y yo lo disfrutaba ahí, de jurado, era regio. Pero a mí me estaba utilizando, no me estaba dando ni un peso. Entonces elegí de reina a la que me pareció más maluca para que se la tirara, y ella se ganó el carro y se encerraron en una oficina de la misma discoteca a comerse. A las otras le dio como 500 000 pesos a cada una, y ya, no ha pasado nada.

Para mí fue duro: ese hijueputa le regaló un carro, a mí nada, y además yo hago de novia y se la come a ella. Yo lloraba ahí entre los meseros, y ellos me decían que fresca, que ese viejo cada vez que viene aquí es así, él es multimillonario, te conviene, acéptale los antojos. Entonces me calmé, y cuando salió me llevó a presentarme amigos, todos más viejos que él, que venían y le rendían pleitesía, y también hombres de mucho dinero, que se les notaba, y además él me lo decía. Y les regalaba relojes finísimos a sus amigos, y a uno le regaló un carro.

Y después de eso me dice: Vámonos para la finca de un amigo mío, que vamos a hacer otro reinado, pero allá van a ser reinas de verdad-verdad. Yo dije: ¿Ah, sí? No le creía, y él: ¿No te acuerdas de las reinas que estaban en mi yate?, ellas son amigas mías, ellas desfilan. Yo no te creo, le digo. Vamos, para que veas que sí, y fuimos y allí hubo desfilando modelos muy conocidas, muy lindas, otras que yo no conocía pero que él decía que eran famosas, y más exreinas de belleza, distintas de las que había en Cartagena, y presentadoras de televisión. Y yo con sus amigos fuimos los jurados.

Fue muy difícil escoger la ganadora, porque eran mujeres muy bellas, ya era otro estrato eso, y el premio para la ganadora eran tiquetes a no se dónde, un carro, no sé cuántos dólares, y comerse con él. Y a las otras como diez millones de pesos a cada una. Y a mí nada. Un millón, dos millones, y estar en el bololó, solo eso. Pero ya me había consignado otros millones y me daba de todo, entonces yo decía: ¿Para qué le voy a pedir más?, no puedo ser avariciosa. Pero la reina viajaría con él a no sé dónde, con tiquetes de primera en línea comercial, porque él decía que no podía sacar su avión de Colombia, no sé por qué. Y eso me daba mucha rabia.

Ganó una divina, pero todas eran divinas, y se prestaban para todo, pero nada de fotos, exigido por ellas. Y ahí disfrutamos, rumbeamos, y sus amigos les pagaban dinero a las que les gustaban y se quedaban con ellas. Y él queda en contacto con la que ganó, porque no iban a viajar ahí mismo, él ya tenía otras esperando, es un hombre que tiene al mismo tiempo cinco, seis mujeres.

Cuando terminó eso se fue a Panamá, y ya después empezó a tratarme mal, se desapareció, no me contestaba al teléfono. Yo estaba ardida, y un día estoy en el salón de belleza, en Diego Moya, y llega, después de un mes sin verlo, sin saber de él, y lo vi y metí la cabeza así, para que no me viera, porque no lo quería ver. Pero después le escribo y le digo: Uy, cómo se te ve de bonito el azul, porque él tenía una camisa azul. ¿Y dónde me viste?, me responde. Te vi en Diego Moya. Ah, perra, te estabas arreglando para ir a callejear, por eso fue que te dejé. Yo me puse a llorar, y le decía a Tony: ¿Este hombre por qué me trata así?

Y me siguió escribiendo unas cosas horrorosas que me lastimaban, que no sé qué, que otra vez vas a salir a putear, perra. Yo sabía lo que hacía, pero no me gustaba que me lo dijera nadie, no lo aceptaba. Y ahí, como a los quince días reaparece: Hola, mi amor, ¿cómo estás? Yo quería decirle un poco de mierda, pero Tony me calmaba, me decía: No le digas, amiga, no importa que te trate mal, déjalo que haga lo que le haga sentirse bien.

Salgo con él, me come en una residencia, ya no en su casa, y me dice coge, y me da solo 500 000 pesos. Yo me sentí fatal, pero no fui capaz de decirle nada, porque además de que me había tratado mal, la que tenía ahí la culpa era yo. Y ahora que se enteró del escándalo, me escribe a mi correo electrónico y me dice: Tú no cambias, eres una perra, debería darte vergüenza ese escándalo que armaste.

30

Las mujeres tienen sus cosas, reacciones difíciles de explicar, piensa Dania mientras camina mirando vidrieras. Como dárselo gratis a un tipo que se levanta mientras estás dormida y te lava los cucos, los cuelga a secar, perfecto todo, sí, divino, pero el efecto que hace no guarda proporción con lo que estás regalando.

Dania tiene muy claras las dimensiones del esfuerzo que una mujer hace para sostenerse en juego. Esfuerzo que hace en todo sentido, psicológico y físico. Tiene la experiencia de la prepago, un trabajo que, mientras lo ejerció, Dania asumió con un alto nivel de responsabilidad. Sus obligaciones laborales incluían peluquería, uñas de pies y manos, depilación, maquillaje, estar al día con la moda en el vestuario, conversación agradable, bailar bien, y si toca esa temporada, cadenita en el tobillo que haga lucir su dibujo sobre sandalias de tacón, serpentear el cuerpo como Shakira, vestir como la infanta de España. Y depilado brasileño abajo, que la vagina se vea como de niña, ya tú sabes. Vaginita de porno, sin un pelo, brillante, porque las peludas, hippies, ya no atraen al hombre civilizado.

Y bisturí en las tetas obligado, aunque las tengas divinas, pero el hombre las quiere más grandes o más pequeñas. Y bótox en las arrugas del rostro, vigilar la celulitis que espanta, "producirse" en todo momento, para la fiesta, para la cama, incluso para ir al gimnasio, siempre, en cada situación, cada instante. Y no olvidar jamás que belleza es delgadez en el mercado, verse flacas, gordita sexy no vale. Siempre en plan chicas de calendario, como recién salidas de la escuela de Osmel Sousa, el de las Miss Venezuela. Las "otras", las "respetables", menosprecian a la que ejerce por horas, pero, como dicen las cubanas, "eso no es fácil, mi hermana".

En una tienda en Madrid Dania observa el frenesí de las señoras en rebajas, un tumulto de españolas tensas, con un algo como de malqueridas en los gestos, que eso se siente. Madrileñas que pasan de una cosa a otra, bostezan, tocan un sostén rosa con flores, otro verde, recogen una blusa, miran hacia un lado, se pasan un mechón de pelo entre la nariz y los labios, observan sin interés un vestido, pero se lo miden sobre el cuerpo y deciden comprarlo, aunque lo más seguro sea para no usarlo nunca. Lo compran porque están aburridas.

Las mujeres son mitad ángel, mitad marisco, decía Dalí, le contaron. Sí, las mujeres son algo más especial, el hombre es más plano. Atarme el pelo, soltarlo, tan fácil, tan elemental, y siempre caen. ¿Cómo pueden ser tan fáciles? Cuando una mujer entreabre el bolso y pierde sus ojos dentro hay mil universos que se abren: Oh, mira, olvidé cerrar el labial, ¿dónde estarán las llaves?, estoy segura de que tenía chicles, ¿dónde están?, y el condón aquel con la punta que vibra, ¿qué lo hice?, ¿de dónde salieron estos tampones?, no recordaba que tenía estas cositas. Ellos no, lo tienen siempre todo ordenado, saben cada cosa que hay en sus bolsillos. Debe ser por eso que son fáciles, me imagino.

Muchos hombres piensan que fracasan si tú no gritas, si no exhibes que te vienes, si no montas el espectáculo del "muere, tía". O ahí dudan, ¿será que lo tengo pequeño?, o piensan que necesitan engrosárselo si tú no has gritado. Entonces finges, como para no complicarles la vida. Pero se quedan dudando. ¿Por qué no se conforman con una buena fingida?

No hay nada de malo en fingir bien. Es como vestirse, arreglarse, maquillarse. A la hora de la verdad todos fingimos, que estamos bien, que nos queremos mucho, que no nos importa que nos hieran, que no nos preocupa morirnos.

Es importante saber gobernar tus centros de energía, sabe Dania. En algún momento conoció a un pereirano que le habló de aquellas antiguas historias chinas, y le mostró cómo podía contenerse, retener la energía, usar bien la respiración, "para hacer que el impulso vital circule de manera fácil por el organismo". Pero, como sucede con muchos conocimientos, con el tiempo lo perdió, se fue esfumando, cada semana recordó algo menos y aquello se perdió.

En algún lugar Kylie Minogue canta Where the Wild Roses *Grow*, lo escuchó antes en un carro, rodando por Bocagrande, y en medio de ese sonido de golpe recuerda que en Cartagena es plena noche. Y se siente extraña aquí, despierta, mientras allá están apagados, durmiendo desde La Boquilla hasta El Laguito.

Como dijo alguien, creo, una acaba siendo como los otros dicen que una es, comprende dando un salto mental Dania. La mayoría tienen miedo de quedarse solos, o viven solos por sus miedos. Miedo a que los rechacen, a no gustar, a que descubran cómo son en verdad, normales, solos, con miedos. Y así acaban siempre como lo que no quieren. Hay muchos miedos en el mundo. Miedo a tener las tetas pequeñas, a que no se les pare, miedo a que te roben, te violen, te maten, te secuestren. Este miedo a que te secuestren no existe en Europa, parecería. Pero seguro debe haber cincuenta miedos que nosotros no conocemos.

La vida está llena de días de esos que se olvidan enseguida, que pasan entre *caradelibro* Facebook y la tele, hablar mierda con Tony, dormir, comer, preguntarle a la muchacha por el niño, recordar a un hombre que le tomó la mano y le chupó uno a uno los dedos. Y mientras me hacía eso una erección crecía en su pantalón, qué salvaje fue aquello, evoca Dania y a continuación se preocupa. Mi pensamiento viene y va, es como si tantos hombres que he recibido me hubieran dejado el ritmo del sexo en la cabeza, se observa. Se sigue observando. Odio el rigor, pero nunca seré una de esas mujeres que se matan en el gimnasio, que hacen dieta, cincuenta piscinas, tres horas en una cancha de tenis para ganar 6-0, 6-0 y que les digan qué fuerte, qué genial eres.

En un mercado de pulgas ve máscaras repletas de clavos, de esas que hacen por los lados del Congo, que asustan, que parecen vudú. Clavos que activan la fuerza de los antepasados, clavos que agradecen o invocan, podría explicarle alguien. Pero esta vez nadie explica. Están ahí, desprovistas de su fuerza, como cadáveres. Figuras mágicas que dan miedo a los europeos, animales, perros de doble cabeza.

Le vuelve a la mente Cartagena, y allí las mujeres a las que quiere ayudar, los barrios de los que vienen, las invasiones cuando sube la violencia en los campos, las pandillas, las tribus, las naciones de pobres violentos, sus códigos secretos, esa forma áspera en que viven la ciudad. Esa ciudad donde se ha vuelto natural tratar a la gente como a animalitos. Un barrio donde conoció a una niña que un pandillero secuestró y se la regaló virgen a un amigo víctima de una mina, de las quiebrapatas, para que hiciera con ella lo que quisiera y se pusiera contento. Así es para los pobres aquello, evoca con tristeza Dania. Antes de ser malos todos han sido víctimas en mi tierra, piensa.

Mirando los objetos africanos se le ocurre que sería chévere tener dos manitos en la frente, como cuernos, que te sirvan para hacer gestos, saludar, decir adiós, sostener pequeñas cosas, amarrar el sombrero cuando hay viento. Y ríe pensando que parece trabada, aunque de eso aquí en Alemania nada. Observa en detalle una máscara y especula que quizás en África los hombres negros sean diferentes, más sanos. Porque a los de Cartagena los siente dañados, desde aquellas violaciones en trencito que les hacían en un tiempo a las turistas desprevenidas, románticas las muy bobas, que salían a caminar bajo la luna en la playa, llorando algún mal de amores, vaya una a saber, y tenga. Siete, ocho, diez en fila, una grosería.

Piensa en los niños, las niñas de Cartagena. Los de la pobreza profunda, los que pelean monedas en las calles, esos niños que compran algunos turistas como si fueran pan caliente. El cuerpo de las niñas se ha vuelto un botín para los que hacen negocio con la pobreza ajena. Dania quisiera hacer algo para evitar que eso suceda. Lo ha hablado largamente con De La Espriella, quien le ha contado que lleva tiempo trabajando con su estudio de abogados algunas iniciativas para contribuir a detener aquello.

Por los niños pobres, sucios, malolientes, siente pena, pero también rechazo, comprende al evocarlos. Pero no por ellos, por mí, especifica. Me hace mal verlos, saber que no hay forma de que una individualmente haga algo y eso signifique un cambio. Los hombres deberían ser más conscientes cuando se tiran a una mujer, no ir sembrando hijos que no van a atender, de los que no se van a hacer cargo. Si me va bien con la fundación, podré lograr algunos avances, ¡pero hace falta tanto!, siente.

Ha estado reunida con gente que trabaja para ayudar a las mujeres del este de Europa engañadas, esas que muestran en los noticieros como víctimas de la trata, de la explotación sexual. Se siente más consciente que nunca de lo duro que es el tema. Le han regalado folletos y un par de libros traducidos al español. No le gusta leer libros, leer palabras, frases, ideas. Me distraigo fácil, me pierdo, y no quiero volver atrás a leer lo mismo, se justifica y dice: Yo no creo que alguna vez lea este libro, por ejemplo. Además es mi libro, sé lo que cuento, lo he vivido, entonces no hay motivo para ocupar mi tiempo leyéndolo. Sería como un vicio. Como la gente que busca en Facebook o Google qué dicen de ellos. Entiendo que una busque las fotografías en que sale, las que otros cuelgan, para verte, observarte, comparar. Pero eso de leerse no me aplica.

Mi abogado me dio el libro suyo, para que vea cómo escribe el escritor que escribe mi libro. Leí cuatro o cinco páginas, dos me parecieron divertidas, eran sobre comidas, y me gustó una parte en que mencionaba la elegancia, el buen gusto de los mafiosos italianos, y comparaban eso con los gustos de los traquetos antioqueños. Pero la parte en que hablaban de derecho me dio sueño.

Me cae muy bien mi abogado, va a lo suyo, es claro, no anda con vueltas. Sabe lo que está haciendo en cada momento. La mayoría de los hombres no saben. Hacen las cosas sin saber realmente por qué las están haciendo. Es como si las hicieran porque suponen que les gusta hacerlas. Pero nunca llegan a sentir cómo es el gusto ese, ni a saber qué les gusta de eso.

En un libro nunca paso de unas pocas páginas. Nunca he podido. He tenido dos o tres clientes que me han dado libros. No creo que lo hagan para volverme culta, más bien pienso que lo hacían para compartir conmigo algo diferente al cuerpo. Como quien te da una propina. Ahora que lo pienso, en verdad hubo un solo cliente que me dio un libro. Porque el otro no cuenta, ese me dijo que ya lo había leído, y me lo dio como quien lo bota. Que yo no lea es una cosa, pero eso de botar un libro no me parece, así como no me parece que esté bien botar personas, como hacen los que te comen y piensan que ya, *check list*, *check out*, y nunca más te llaman.

No está bien botar un libro porque para hacerlo alguien se pasó meses o años escribiendo, poniendo ahí lo que piensa, lo que imagina, contando historias, eligiendo palabras bonitas, tratando de no repetirse. Aunque he leído muy poco, yo me he dado cuenta de eso. Entonces no me parece bien que luego venga alguien, lo lea por encima, a la ligera, y cuando termina lo bote. Yo no leo libros, pero respeto. A la mayoría de las personas les falta mucho respeto. Viven pendientes de si este o aquella les faltan el respeto, pero es a ellos a quienes les falta. Y no se dan cuenta.

Yo respeto el trabajo del escritor, así como respeto el de los músicos, la habilidad del que dice en una canción cosas bellas, que sabe expresar algo importante con unas pocas letras. Aunque a veces sean un poco rebuscados, como ese vallenato que dice que *cuando Matilde camina hasta sonríe la sabana.*

Me parece rebuscado, sí, pero debo reconocer que cuando escucho eso siempre pienso: ¿Qué mujer no quiere que la sientan así, con esa mirada de hombre que sabe ver y decir? Yo no sé quién cantó la primera vez esa canción, pero no parece un joven. Hay cosas que solo las ven los viejos. No todos, algunos. Cuando un hombre pasa de los sesenta ya no anda apurado, aunque le quede menos por vivir. Quizás por eso sabe tomarse su tiempo, como dicen, chupa despacio, mastica más lento, le saca más sabor a las cosas, me parece.

31

Aunque le cuesta descubrir el aroma de la tierra mojada o algún otro detalle en una copa de ciertos vinos, Dania ha aprendido a diferenciar algunas cepas, y puede afirmar que estas son la personalidad del vino. E intuye aquello de que *le terroir*, la región y apelación, el tipo de suelo, de condiciones climáticas y de hidrografía, contribuye a darle algo especial a un vino.

También sabe que algunos tintos se beben idealmente dos o tres grados más frescos que otros, por ejemplo un Beaujolais, que se siente en todo su esplendor por debajo de la temperatura de un Rioja. Un español le explicó alguna vez que la uva y las cosechas, cada año, dependen de cómo hayan sido las lluvias y en qué momento, de cómo haya pegado el sol y hasta dónde, por ejemplo, ha penetrado en La Rioja Alta el suave clima mediterráneo de la baja Rioja. Si eso se dio bien, ese año es una cosecha excepcional, decía aquel hombre.

Dania se lleva una copa de vino a la boca y mientras lo paladea vuelve a su memoria la vez en que casi se ahoga en vino cuando un cliente le pidió que le hiciera sexo oral mientras él derramaba sobre su pubis una botella de Rioja. Y quedándose en ese pasado, repasa trucos en el sexo oral que aprendió en aquellos días que ya siente tan lejanos, tan atrás.

Hacer un buen sexo oral tiene sus claves. La primera es saber respirar por la nariz, para evitar atragantarte. Otra es la posición, arrodillarte, o sentada en el borde de la cama, o en un 69, tentando al hombre para que te lo haga mientras se lo haces. Y para que él sienta más, acariciarle el pipí de arriba abajo, con la mano pegada a la boca, acompañando los movimientos. Y succionar cuando echas la cabeza atrás, sin rozar con los dientes, que es de lo que más se quejan ellos cuando dicen que las mujeres no saben mamar. Pero lo más importante es que mientras se lo haces lo mires todo el tiempo a los ojos, insinuante, cómplice, y que cuando lo miras, y él te responde la mirada, hagas movimientos con la lengua, como si ejecutaras una melodía, sobre el ritmo que marca la boca.

Acariciándose el labio inferior con el borde de la copa, piensa luego en lo que ahora se ha propuesto, y se dice: Yo sé que va a ser difícil rehabilitar a esas mujeres, porque ellas están acostumbradas a eso, y muchas están metidas en las drogas, a las que primero las obligan y después ya se quedan pegadas. La fundación tendría que trabajar en eso, ayudarlas a rehabilitarse de las drogas, y cuando se encaminan en lo sano conseguirles un buen empleo, que les ge nere el dinero que necesitan para sus familias, para sus vidas, que no tengan la necesidad de salir a prostituirse. Me encantaría ponerles un albergue, también, donde tengan comida, ropa limpia, y puedan tener sus hijos, que haya una guardería para ellos. Ese sería mi sueño, que yo un día diga: Hice tal cosa, que esas mujeres estén bien gracias a mí. Eso es lo que yo imagino cuando sueño lo mejor, lo máximo, que sea real, que yo vea que las mujeres estén cambiando. Y sé que lo puedo lograr, porque yo puedo lograr cualquier cosa, lo que quiera. Querer es poder, y las palabras siempre tienen poder.

¿Si un grupo de prostitutas de la calle se suicidara colectivamente, alguien reaccionaría?, se preguntó Dania cuando se enteró, a principios de año, de que unos cientos de trabajadores de una fábrica china que produce lo que venden Apple, Sony y Nintendo amenazaban con suicidarse saltando desde el techo de la fábrica en protesta por sus condiciones de trabajo. A veces le da por asociar una cosa con otra, y acaba siempre en cuestiones que tienen que ver con aquellas mujeres de Cartagena, esa ciudad que por un tiempo no quiere volver a caminar.

Cuando las noticias se referían al movimiento madrileño de indignados, escuchó de una propuesta que tenían estos: dejar de competir entre quienes necesitan trabajar, colaborarse organizando la demanda. Cada una aporta sus contactos y se entreteje una red de clientes para trabajar. Una forma de cooperativa, y quien consigue el trabajo le da a la cooperativa un porcentaje para los gastos que haya necesidad de pagar por la gestión.

Se sirve otro vino, y al hacerlo recuerda con una sonrisa un dicho de aquellos de Norma, su mamá: "En el vino no hay verdad, en mucho vino, oportunidad". Y ahora le viene a la memoria su niñez, como le ha ocurrido con mucha frecuencia estos últimos días en que la decisión de grandes cambios ha desatado un frenesí de revolver pasados, pensarlos, en una mezcla de nostalgia y decisión de adiós.

Mi pasatiempo en la niñez era ver televisión, todos los días esperando que apareciera Tom Sawyer, o los Simpsons, que son viejísimos, de esa época. Fritaba salchichas yo misma, y me sentaba a ver esos dibujitos con cuatro o cinco salchichas y arroz, ese era mi plato favorito. Y peleábamos con mi hermano, porque él quería ver *Dragon Ball Z*. También íbamos a cine, a un teatro que había en San Andrés, que se llamaba Hollywood, donde recuerdo que vimos *El Rey León*.

Una de las cosas que más me gustaron de mi infancia fue el circo que llegaba a San Andrés, y la Ciudad de Hierro a la que nos llevaban mis abuelos en Cartagena, cuando mamá nos mandaba de vacaciones, porque ella ya estaba separada de mi papá, y entonces esa era la época en que estábamos con él, que no era mi papá, pero que sí. Él nos llevaba también al circo, y yo quería ser como esas mujeres que se colgaban de unas telas y se enrollaban ahí.

Mi mamá se echaba un perfume horrible, que se llamaba Jean Naté. Ese perfume me pateaba, y tal vez por eso creo que es el olor que más recuerdo de mi infancia. Ella se ponía ese perfume y nos llevaba a la iglesia, a la católica. En la isla había casi más de los otros cristianos que católicos. Y había musulmanes también. Cuando estaba en la iglesia y veía ese Cristo ahí, sufriendo como un condenado, y escuchaba hablar al padre de la resurrección, pensaba si no hubiera sido más lindo poner en el altar al Cristo que volvía, que regresaba, triunfando sobre la muerte. Yo me imaginaba que un señor que había logrado vencer la muerte tenía que ser alguien feliz, y no ese pobre hombre torturado.

Mamá me hizo que hiciera la primera comunión, y a mí eso me dejó un trauma porque ella me mandó a hacer un vestido a la rodilla, y yo quería un vestido largo, como de matrimonio. Y entonces, de pura rabia le digo a mi mamá que si no me lo hace largo me voy a cortar el cabello, y ella que bueno, córtatelo. Me corté yo misma toda una parte del cabello, y entonces el pelo me quedó parado. Las fotos de mi primera comunión son horribles, con una parte del pelo todo parado y el resto atado en una cola.

Mi papá biológico nunca apareció. Recién lo vine a conocer el año pasado, porque él vive en Estados Unidos. Yo quería conocer esa familia, tenía la curiosidad de ver quiénes eran, y el año pasado los contacté, por medio de una amiga de mi mamá, y los conocí, a mi abuela, que vive en Colombia, a la familia, humildes son. Dios a mí me quiere muchísimo, eso lo tengo clarísimo, pero a él lo castigó. Se casó con una mujer mexicana, allá, sin documentos los dos, y esa mujer tiene hijos con síndrome de Down, y él carga con eso. Otros hijos no ha tenido, la única soy yo. No lo juzgo por haberme dejado, pero ni siento dolor ni nada por él ni por su familia, me dan igual. A mi papá, el que me dio el apellido, yo sí lo quiero, pero tenía esa curiosidad de saber quién era el otro, si se parecía a mí, quiénes eran mi familia biológica.

Norma, la mamá de Dania prefiere no escarbar en el pasado, o al menos en lo que ya no le interesa de ese pasado. El mundo que le importa hoy es el de sus hijos, su nieto, sus flores, y por eso en la conversación lo que más le entusiasma es hablar de ese universo: "Cuando me enteré por Dania del escándalo en el que estaba metida, me sentó terrible, me enfermé muy mal de los nervios, porque no es lo que una madre espera de su hija. Yo siempre quise guiarla por el buen camino cuando era adolescente y se metió en problemas, por esa rebeldía que una niña tiene a esa edad. Pedí ayuda al Bienestar Familiar de San Andrés islas, le pusieron psicólogo a la niña. Yo fui madre soltera, ella no tuvo a su padre al lado, pendiente de ella, en un tiempo en que era muy necesario, y quizás por eso también ocurrió todo lo que ocurrió, toda esa rebeldía tan fuerte, y otras decisiones que ella fue tomando.

"Después, cuando me fui a Madrid, los dejé con la abuela, y mandaba el dinero para la manutención de mis hijos, hasta que arreglase los papeles para poderlos traer, y tener un techo para tenerlos conmigo. Tres veces me negaron el visado por no tener un sueldo grande, una casa, una estabilidad para ofrecerles a mis hijos. Ya después terminé casándome con mi esposo español, un muy buen hombre, me casé con él para vivir juntos toda la vida, y pude traerme a mis hijos. Pero ahí mi niña ya estaba enamorada del padre de su hijo, y no quiso seguirme.

"Yo a ella siempre la he apoyado, y la seguiré apoyando en todo lo que ella quiera hacer y que yo sienta que es bueno.

Ella es muy sensible, muy humana, y yo admiro lo que piensa en esto de la fundación que ahora quiere iniciar, y trato de estar con ella, cerca de ella, siempre. Ahora mi amor por Dania es también mi amor por el niño, que allí ella y yo estamos sufriendo. Porque no podemos retirarlo del colegio porque va muy bien, lleva muy buenas notas, tenemos que esperar un tiempo, para ver si en un momento próximo todos podemos estar juntos, como en un sueño.

"Yo tengo sueños sencillos, mi mundo son las flores, vengo de un pueblito que se llama Primavera, al lado de Pueblo Nuevo, en Córdoba, y desde ahí trabajo las plantas, las flores. Cuando comencé a ver el mundo, que era una niña de 10 años, ya supe lo que me gustaba en la vida, la naturaleza, los niños, la humanidad en las personas, y tan fuerte como todo eso, las flores. Yo comprendí que lo mío eran las plantas y sus flores, que eso era lo que realmente me gustaba, y me fui por esa rama, la de las flores. Con diez años cultivaba plantitas en el patio de mi casa, las regaba todos los días, las cuidaba, y aprendí a observarlas, cómo crecían, a qué horas del día se ponían más bellas.

"Después ya aprendí mucho más de floristería trabajando en la Cancillería, en Bogotá, el arte floral, profesional. Saber combinar, saber expresar con flores, la alegría con las gardenias, la nobleza con el clavel, la inocencia con el lirio, rosa blanca pureza, rosa roja pasión. Las flores no se pueden tratar a la ligera, porque cada detalle importa. Si la flor está abierta, el mensaje dice una cosa; si está en botón, dice otra. Cuando se hace un arreglo siempre hay que tener presente qué se quiere comunicar. Yo sé de eso, y con ese conocimiento tuve mi floristería allá en San Andrés, y mi sueño es montar otra vez una floristería mía, pero ahora aquí en Madrid, aunque con lo de la crisis no me atrevo a montar ningún negocio".

Dania tiene una memoria precisa sobre algunos momentos que su mamá observa sin mucho interés por profundizar en ellos. Así reconstruye, luego de escuchar a su madre: Cuando me separo del papá de mi hijo yo decido buscar trabajo, de mesera, trabajar en un almacén vendiendo ropa, de alguna de esas cosas. Después estoy un tiempo con un señor que me paga todo, y cuando nos abrimos vuelvo a buscar trabajo, antes de ser prepago. Ya estaba operada, que no me vine a operar para ser prepago sino antes, y cuando iba a pedir trabajo los hombres me miraban con morbosidad de los pies a la cabeza, me querían comer con sus ojos, y las mujeres me miraban mal, con envidia de la mala. Entonces ahí siento que los hombres no me ven en lo que soy sino que ven mi cuerpo y lo desean. Y una mujer me abre los ojos y me muestra el dinero que puedo conseguir con lo que ellos desean.

Además del dinero como necesidad para pagarse todo, la conciencia de lo importante que es el dinero a mí me viene de mi mamá. A ella le gusta mucho la plata, siempre está pendiente de eso, de dónde conseguirla, de cómo tenerla. La diferencia conmigo es que a ella le ha gustado hacer las cosas por la derecha, trabajando duro, como burra para conseguirse su plata. Y yo me di cuenta de que podía conseguirla de otra forma. Pero a mí ella me inculcó eso, estar pendiente del dinero, desde cuando tenía el negocio de la floristería. Yo iba a cobrar las flores a los hoteles, ella me puso el negocio de los dulces, de los helados, allí entre las flores. Y fui aprendiendo de todo eso.

Como tengo tan definido el tema de la importancia del dinero, como pienso tanto en eso, supongo que eso me ayuda a encontrarlo siempre. Unas veces porque lo planifico, otras por accidente, como con el negocio de Internet, con el que hice plata y también me sirvió para descubrir cosas mías que yo ignoraba, que nunca conocí hasta ese momento.

En una entrevista, una periodista me preguntó si conocía mi punto G; me dio la impresión de que ella no, y en realidad por eso era que me preguntaba. Yo vine a conocerlo bastante tarde, después de hacerlo muchas veces, porque en el trabajo que hacía no es muy fácil llegar al clímax: yo fingí muchos orgasmos, pero tuve pocos. Y nunca descubrí con un hombre ese lugar. Lo descubrí por mí misma, jugando con mi cuerpo, sola, en mi casa, cualquier día, tocándome. Aunque eso de sola es un decir, porque fue haciéndome cosas para una página que se llama *Can 4*, que ese fue mi último negocio sexual en Internet.

En *Can 4* yo me tocaba como nunca me había tocado, porque nunca había tenido necesidad. Y en una sesión, tocándome con un vibrador creo que fue, de pronto descubro que estoy temblando y tengo un orgasmo solita. Ahí me lo pillé, eso fue como una explosión.

Yo entré a ese sitio de Internet un poco por desprograme de domingo. Los fines de semana mi hijo se iba para donde el papá, y me quedaba sola en la casa, fumando yerba, tranquila, en paz. Así lo pasaba, pero en algún momento me daban ganas de charlar, y ese domingo me pasó y ahí llamé a mi amigo Tony y le digo: Vente para acá. Y él: No, gorda, no quiero ir allá, qué pereza irme a encerrar en tu casa. Es que yo soy muy hogareña, solo salgo a la calle para negocio, y para comprar comida, ropa, lo necesario, pero a mí la casa es lo que me gusta.

Que voy pero si haces lo que yo diga, me dice Tony, y yo le digo: Bueno, vente, no me preocupo por lo que quiera hacer, porque ¿qué de raro puedes esperar de un amigo? Entonces llega Tony con unas cervezas, riéndose, y yo: Ay, malparido, lo que tú vienes es a emborracharte. Sí, amiga, tú fumas y yo bebo, porque a él no le gusta fumar, así que ese era el parche.

Él me arreglaba el cabello, me arreglaba las ropas, hablábamos de sexo, de gente, de la vida, de todo. Y en un momento me dice: Gorda, imagínate que descubrí una página divina. ¿Cuál? *Can 4*. ¿Y eso qué es? Ay, nena, mira, tú haces privados, te creas una cuenta de Paypal, te pagan por Paypal, y primero no muestras nunca la cara, solo de acá, de la nariz para abajo. Y te sobas los senos, te exhibes ahí, no sé cuántos toques por quitarte la blusa, no se cuántos por mostrar esto, y así. Y luego va a haber gente que te va a querer ver en privado, y tú vas a tener una tarifa por los privados, por el tiempo que les das.

Hagámoslo, me propone, y yo: Tú sí que eres morboso, eso es para tú estar viéndome, a mí me parece que tú estás enamorado de mí. ¿Cómo se te ocurre? Y ahí quedó, pero él me volvió a insistir el siguiente fin de semana, y el siguiente otra vez. Entonces yo le dije: A ver, muéstrame, y lo vemos, y descubrimos a una mujer ahí que nos gustó, *Holy Cunt* era el apodo de ella, una modelo de *Can 4*. Se metía dedo, se metía vibrador, pero no hacía privados, ella era con toques y mostraba su cara.

Entonces Tony me provoca, que es lo peor que me puede pasar: Ay, yo admiro a esa mujer, es una hembra, tú no te atreves a nada, Dania, mírala a ella. Y a mí me daba rabia cuando me decía eso, cuando me desafiaba: Hijo de puta, malparido, deja de estar mirándola a ella, me daban celos. Y él: Mierda, yo quisiera conocer a esa mujer, y yo mirándola, aprendiendo de todo lo que ella hacía.

El siguiente domingo yo dije: Me tengo que sacar esta espina, y llamo a Tony y le pido: Tráete tu portátil. Ah, bueno, amiga, y cuando llega con su portátil le digo: Hoy es el día, vamos a transmitir, porque nosotros le llamábamos transmitir a lo que hacían las mujeres en *Can 4*, y él, todo excitado: Ay, amiga, regio.

Tony ponía su computador en una mesita, con la cámara apuntándome, y yo me arreglaba como si me fuera a ir para un *tiqui tiqui*, me ponía buena ropa, me ponía tacones, me resaltaba bien los labios, me ponía un antifaz y me sentaba bien sexy delante de la cámara. Cuando empezaba a emitir yo sentía una sensación muy especial, como un hormigueo en las piernas, porque cualquiera me podía ver, en cualquier parte del mundo. Y así comencé, y desde el primer día la sala se me llenó. Me llamaba Donabella. Hola, Donabella, cómo estás, muéstranos los pies para ver si es real, y yo mostraba el pie con el tacón. Tíranos un beso, y yo tiraba un beso. ¿Cómo estás? Cuéntanos tus historias de sexo, y los hombres: Ay, me estoy masturbando por ti, ay, estoy haciendo esto, y Tony reventando de risa.

Eso comenzó como un juego, pero yo veía que la sala se me llenaba muchísimo, la gente me agregaba, y todo mundo pidiendo: Danos privado, danos privado. Entonces Tony me enseñó cómo era lo de crear un Paypal, pero con mi tarjeta no podía, y como él tenía una tarjeta del Citi y era más fácil, él creó un Paypal. Todas las noches yo esperaba que se durmiera mi hijo, y a eso de las doce de la noche me metía, salía al aire, y hacía privados, 50 dólares por veinte minutos pedía. ¿Y qué vas a hacerme? Tal cosa. Ah, bueno, y muéstrame tu cara, entonces yo decía 70 dólares. ¿Cómo es tu Paypal? Yo decía *ta ta tá*, consígname ahí y yo verifico. Entraba en la cuenta de Paypal y allí decía: No se quien te acaba de ingresar tanto, y ahí mostraba la cara, porque ya tenía un negocio con él, veinte minutos. Si él acababa o no en los veinte minutos no era mi problema, yo ya tenía la plata en mi cuenta, ya había cumplido el trato, y cortaba mi cámara. Eso lo hice durante tres meses, hasta que se formó este escándalo y dejé todos los negocios.

A mí me halagaba hacer eso, que todos los hombres y mujeres quisieran estar conmigo, y yo poderlos ver, porque ellos veían, y yo veía, y ganaba buena plata con las propinas que me daban por hablar morbosidades, mostrarme, que si nos muestras el culo te damos tantos toques. El toque es lo que te van pagando, mil toques dices por algo, y luego la gente te va dando propinas por lo que haces. Y solo en los privados hacía cosas más fuertes, me metía el dedito, lo que me iban pidiendo y negociábamos.

Pero en un momento me asusté, cuando apareció una pelada ahí, en *Can 4*, y me dice: Mira, yo quiero hacer un negocio contigo, te voy a presentar a un amigo, Andrés. Me pregunta: ¿Tú estudiaste? Sí, estudié estética. No, estudia algo mejor, me dice, mi papá es rector de la universidad de no sé qué, y yo te puedo ayudar con eso y además te puedo pagar el dinero que tú quieras a cambio de que estés con mi mejor amigo, porque él está muy solo, es muy acomplejado, pero no le vayas a decir nunca que yo te estoy pagando.

Y ella me preguntaba cada vez más cosas, que si tenía hijos, qué hacía, dónde vivía, y yo fui soltándole información, porque era una pelada, hasta menor que yo, no me daba ninguna prevención. Entonces me hizo hablar con él, y yo hablo, pero el hombre era rarísimo. Ella me decía: Sopórtalo, que él es así, y yo seguí, hasta que él me dice: Vente para Bogotá, y quería manipular mi tiempo y mis cosas, y yo no quería.

Cuando le digo a ella: No, no voy a ir, no quiero hacer este negocio, ella se rebota y me dice: ¿Pero cómo así, si tú me diste tu palabra? Le había dado mi palabra, pero él era tan raro que yo estaba que sí, que no, y en esas ella comienza a hacerme unas amenazas horribles a mi correo, porque yo la bloqueo de *Can 4*, pero le había dado mi correo. Me escribe: Tú tienes un hijo, te lo voy a joder, y como ya había recibido otra amenaza con mi hijo, eso me puso muy nerviosa. Entonces me escribe: Como tú le cuentes algo a Andrés de que yo estoy detrás de esto, te jodo, y yo le respondo: No, nena, no le voy a contar nada a él. Duró amenazándome semanas, y anduve muy asustada todo ese tiempo.

Pero también me pasaron cosas chéveres con la gente de *Can 4*. Allí conocí a un policía, que era como comandante de aviones de la Policía o algo así. El hombre era casado, me mostró las fotos de sus hijas, tenía dos niñas divinas, y me propuso mandarme a buscar en helicóptero. Yo no quise, no me parecía bien que me mandara a buscar en un helicóptero de la Policía, o de la Fuerza Aérea, no sé bien cuál era. Pero como él insistía, un día le dije que nos veíamos cuando viniera a Cartagena. Y un día me llama y me dice: Estoy en Cartagena, un día que yo estaba con Tony, aburrida en mi casa, un fin de semana. Y como le había contado al comandante que yo fumaba, me llega con una bolsita de esas que incautan ellos, llena de *creepy*. Un divino.

Emitir a la medianoche en *Can 4* me provocaba después sueños muy fuertes. Un día soñé que estaba en la calle y me tocaba, me hacía dedito, mostraba el culo, como en Internet, pero con una cajita de zapatos abierta delante, donde la gente echaba monedas. Yo no era yo, y al mismo tiempo era, pero no así como soy. Y Cartagena era como de otra época, con los balcones, las iglesias, pero la gente era distinta, había chinos, tragafuegos rubios en las esquinas, y los que me ponían las monedas eran negros.

Todo eso tenía mucha adrenalina, que a mí me gusta eso. Pero ahora digo: Ya lo viví, ya fue, me voy a salir de todo esto por mi hijo, por darle un buen futuro a él. Me va a costar, pero todo en esta vida es con sacrificio, y si uno quiere puede. Si he podido hacer tantas cosas, ¿por qué no eso? Querían hacer una serie de televisión con mi historia, me parece muy divertido que ocurra eso. Yo disfruto al máximo mi vida, y también sufro mucho. Por eso lloro tanto. Porque a veces me quedo preguntándome cosas, pensando lo que será más adelante todo esto.

En lo de la serie me ocurre que me pregunto si será que esa mujer sí va a interpretar bien mi papel, porque, por ejemplo, yo no me considero apta para ir por ahí viéndole la cara a toda la gente y ellos diciendo: Esa es la prostituta de la televisión. Me hubiera gustado mucho estar acá sentada, ganándome la plata de la serie, viéndome todos los días en la tele, pero sin ser yo la que se expone en la calle. Creo que es lo máximo, yo aquí en mi casa comiendo, divirtiéndome, cobrando por la serie, viendo que otros están haciendo mi vida.

Pero también tenía miedo de que iban a salir cosas a la luz que ni mi familia conoce. No me imagino cómo reaccionarían ante los detalles, y a lo que le temo es a eso. Porque una cosa es decir: Ah, mira, es prostituta, y otra es ver lo que significa eso. Y lo que más me preocupa es mi hijo. Porque la televisión es para la gente el pan de todos los días, y comentan en todas partes lo que ven allí, y eso del horario de protección a los niños es mentira, pura hipocresía. Lo que más comentan los niños en el colegio es lo que pasan en la tele cuando ellos deberían estar durmiendo. Pero ahora sé que la serie no la harán y por eso estoy más tranquila.

32

Yo sigo siendo una persona sencilla, me gusta el arroz, los fríjoles, la carne asada, y de vez en cuando que me sepa a mar la boca. Pero me gusta conocer, nunca me conformo con lo que ya tengo. Por eso voy y pruebo, para saber cómo son otros sabores, otras sensaciones. Voy a los mejores restaurantes y pido, para ver qué me pasa cuando pruebo. Y cuando puedo voy con mi hijo, porque me gusta llevarlo a que conozca lo que dicen que es bueno.

Cuando digo: Hoy vas a pasarla bien, Dania, en lo que pienso ahora es en comida. Me gusta alimentarme bien. Y beber buen vino. En mi casa mantenía botellas de vino blanco y tinto, y siempre que estoy en un tiempo agradable me encanta tomar una copa.

En comida me gusta todo, pero en especial lo que una llama la comida casera. También ir a los buenos restaurantes de Cartagena, Quebracho, La Parrilla, y el restaurante peruano La Perla, cerca de la Plaza de Santo Domingo: tiradito, cebiche, *risotto* de tinta de calamar, una delicia. Y llevar a mi hijo siempre que es posible. Nos conocemos todos los mejores restaurantes de Cartagena, dónde hacen las mejores pizzas, los pescados, las carnes, la comida italiana.

Es una experiencia muy extraña eso de tener un hijo. Comenzando por cuando una siente que ya lo tiene, que ahí está adentro, pero se toca y aún no hay nada que evidencie al hijo, ¿no? Y es más extraño cuando una va cambiando, se agranda, se va expandiendo. Y ese día en que te dicen vamos a sacar a ese bebé de tu vagina, puja, puja, y te duele hasta el mismísimo ombligo. Y de ahí en adelante verlo, cada día, cómo cambia, cómo te reconoce de a poquito. Y sentir que tienes lo mejor del universo, que es tuyo, y que un día no va a ser. Y que no importa. Porque mientras tanto es tuyo.

Hoy es viernes, y ahora que he resuelto salirme de aquello no me significa mucho. Antes era buena suerte. Sin necesidad de mirar el calendario el viernes se siente, está en el aire, es como un *feeling* de que hay plata en la calle, sea de donde sea que venga. Todo se mueve más rápido los viernes. Ahora me es un poco indiferente, como si fuera algo ajeno, pero igual lo siento. Claro que en algunos momentos me dan ganas. La adrenalina llama, y llama muy fuerte. Pero pienso que la tarea que resolví asumir es bella, y quiero dedicarme totalmente a eso. Y al *spa*.

La mayoría de la gente que visita Cartagena solo ve lo bonito, los balcones, las callecitas, los corales de las islas del Rosario, las palenqueras con la fruta sobre la cabeza. Pero Cartagena es también, y más que todo eso, miles y miles en el barro, niños bañándose en las aguas negras, gente sin comida ni muchas posibilidades para salir de eso. Y el mejor rebusque que tiene a su alcance una mujer joven, que son las más al frente de las familias de niños y viejos, y que vienen de lo terrible, desplazadas de los campos por los paramilitares y la guerrilla, es trabajar de putas.

Si la familia tiene hambre, la calle es lo más rápido para levantarse el algo. Y en la calle está lo peor, siempre, y eso peor

LA CHICA DE CARTAGENA

acompaña al rebusque de la mujer. Ahí está la delincuencia baja, la droga que te estimula y hace que olvides, los señores a los que les da por hacer "limpieza social", matar las putas, acabar con los jíbaros.

La mujer que trabaja en la calle es el nivel más bajo del trabajo con sexo. El que se paga menos, el que se sufre más. Está desamparada, y peor que nunca cuando está "protegida" por un matón que la vigila porque ella es su fuente de ingresos. Ella está a merced de todo, del delincuente chiquito, del que no usa condón porque dice que no siente nada con eso, del que tiene sida. Del que la jala del pelo y le dice tengo un trabajo para ti, perra, arrodíllate y abre bien la boca para tragarte esto. Allí, sola y llena de problemas, necesitada de la plata que tiene ese tipo, en esa clandestinidad de la calle oscura, cagada del miedo.

Y esa mujer a veces tiene un marido que es un campesino, que llegó del campo con ella, pero que no sabe hacer nada de cualquier cosa de esas por las que en la ciudad se paga. Y ese hombre vive de lo que hace ella, pero siente celos de los hombres con que se levanta el billete la mujer, y se alcoholiza escuchando música de despecho. Y cuando ella llega le saca la plata y le reprocha lo que hace para ganarla, le pega, le da puños, patadas.

Nadie piensa en las mujeres de la calle. Solo hablan de la "trata de mujeres", y se reúnen en hoteles como el Hilton de Cartagena, y hablan de ellas tratándolas peor que los que les pagan por un polvo, un sexo oral, como si el tema fuera el de la basura en las calles, qué debe hacerse con esos desechos. Como si hubiera que hacer otra cosa más que darles oportunidades, o al menos volverles la vida más digna, más vida.

Las mujeres de la calle son clandestinas, la Policía las trata como a delincuentes. Los que dicen que tienen autoridad y hablan en la radio o en la tele se refieren a ellas como víctimas de la explotación humana, de la "trata de blancas", aunque la mayoría sean negras, y hablan de la denigración moral y a cada palabra que dicen peor se sienten esas mujeres.

Y todo porque la sociedad tiene vergüenza de sus necesidades más íntimas. Como la necesidad de que alguien le facilite al hombre el disfrutar del sexo sin obligarle a pagar de forma permanente, sosteniendo una casa, un mercado, la cría de unos hijos, eso que muy pocos hombres de verdad quieren. Es lo que una aprende observando lo que vive. Porque es viendo que se aprende.

Cuando hacen leyes, siempre es criminalizando a la prostituta, y entonces prohíben que funcionen bares con chicas, discotecas, esos sitios donde se trabaja de una forma mejor, sin estar tan expuestas. Y hasta prohíben que publiquen avisos en los periódicos, de esos en los que se ofrece una chica que trabaja por su cuenta, por fuera de la explotación de un hombre o de una banda que negocia con esto. Y los que hacen esas leyes son los mismos políticos que me contrataban para estar con ellos, para intercambiar mujeres, para jugar a tríos, los que se vienen y duermen como bebés de teta.

Yo quiero trabajar seriamente en esto. En abrirles puertas para que estas mujeres tengan otras oportunidades. En ayudarles a tener otros oficios. En darles tratamientos para que salgan de las drogas en las que muchas acaban metidas hasta el cuello, que esa es una de las partes más duras de esto. Inclusive quiero trabajar en darles la oportunidad de aprender a leer, a escribir las que no saben. A saber lo que es una cuenta de ahorros, a saber cómo administrar lo que les llega, a entender el mundo que viven. Y, al final, o en medio del proceso, a saber sacarle provecho a lo que hacen, sin salir lastimadas como hoy salen.

También quisiera darles un lugar donde vivir, un alojamiento para ellas y sus hijos. Y una guardería donde dejarlos mientras trabajan, que hoy cuando ellas salen esos niños quedan a merced de cualquiera. Pero hace falta mucho dinero para hacer todo eso que quiero.

¿Qué si me siento una mujer especial por querer hacer esto? No, yo soy una mujer normal, corriente. Una mujer a la que le gustan las sábanas blancas, de algodón. A la que le gusta reír, que me hagan reír, hacer reír. Pero no por eso dejo de ver lo que ocurre allá afuera. A mí me gusta tener lo mejor. Si lo puedo comprar, me lo compro, y si no hago que me inviten, que me lo regalen. Pero eso porque tengo la suerte de haber estado en un nivel diferente, o de haber sabido hacer lo que tocaba hacer en algún momento.

Ellas, como mucho, sueñan. Yo siempre fui a lo concreto, a hacer lo que era necesario hacer para lograr lo que me había propuesto. Me operé porque después que tuve a mi niño los senos me quedaron caídos, flácidos. Y no me hacían sentir segura como mujer, así que conseguí un hombre que me facilitara hacerlo. Todas conocen más o menos la fórmula. Ante una vitrina o un catálogo insinúan lo que les gustaría tener para que el hombre se los compre, sea novio, amante, marido, jefe, cliente, ay, ese anillo me quedaría divino, me muero por esa cartera, esos zapatos, me sentiría tan bien poniéndome unas tetas que te gustaran, que te tuvieran contento. Y ahí las tienes.

Soy sencilla, pero nunca estoy conforme, siempre quiero algo que no tengo. Me gusta mucho el dinero, para gastarlo, o para hacer las cosas que quiero hacer con eso. Como sacar adelante esta fundación que ahora me propuse, para ayudar a estas mujeres, que trabajan y no tienen ni seguro de salud, por no hablar de un espacio mínimo de respeto, un espacio de descanso en ese jaleo.

Me contaron que en Uruguay hay una ley que las protege, que pagan un impuesto sobre una parte de lo que ganan, para obra social, salud, para un día poder pensionarse. Y que hay países donde las prostitutas han montado cooperativas de trabajo, para no tener que pagarles la mitad de lo que ganan a los bares, o estar en manos de mafias que les organizan el trabajo y las clavan. O para no estar expuestas a la Policía o a los delincuentes callejeros.

Una mujer que carga con una familia no puede permitirse hacerlo por amor. O puede, pero muy pocas veces. La mayor parte del tiempo tiene que hacerlo para lograr algo, para poder llegar a la quincena, para poder comprar la leche para los niños, para pagar los útiles del colegio. Yo siempre he pensado que una tiene que disfrutar la vida, porque si no, ¿para qué la vida? ¿Para qué voy a guardar la plata? De pronto es también que nunca he tenido la cantidad de dinero para decir: Voy a comprar una casa, voy a comprar un carro, voy a invertir. Entonces el poco dinero que cojo me lo gasto, me lo divierto, lo disfruto con mi hijo. Así pensaba antes de esto.

Ahora en lo que más pienso es en mi hijo. Mi hijo es el motor de mi vida, es el que me impulsó a hacer cualquier cosa por dinero, para que a él no le hiciera falta nunca nada. Desde que nació ha tenido los mejores colegios, muchacha de servicio, la mejor comida, la mejor ropa, los mejores sitios. Yo soy feliz viéndolo feliz. Y a mí me gustaría heredarle una educación muy buena. Y un apartamento. Pero lo más importante, una educación de primera.

Cuando ocurrió todo esto del escándalo, cuando supe que mi nombre estaba en los diarios americanos, que mis amigos vendían mis fotos a los medios, a mí se me salía el corazón, estaba aterrorizada pensando en mi niño. Cuando se arma el escándalo, yo mandé a mi muchacha a que lo sacara de la casa, y llamé a sus abuelos paternos y les expliqué por encima, y el niño va allá, les pido que le bloqueen todos los canales de televisión de noticias, de Colombia, no quiero que él se entere de nada, solo canales infantiles. Y le pido a mi primo que vaya al colegio, y él va y habla con la psicóloga y con las maestras, que por favor estén pendiente del niño, y me han apoyado mucho en el colegio. Así que el niño no se ha enterado de esto. O se ha enterado que algo ha ocurrido, pero no de qué fue exactamente eso. Y esto de que ya sabe algo lo digo porque me lo traje un fin de semana para aquí, y me dice que sabe que estoy en las revistas.

Con mi hijo yo tengo la confianza de amigos y hermanos, más que la de hijo a madre. Él tiene nueve años, es muy inteligente, y viene y me dice: Mami, ¿tú sabes que eres famosa? Le digo: ¿Yo, famosa?, no, yo no soy ninguna famosa. Ay, no te hagas la boba, porque él habla así, y me dice yo sé que tú eres famosa, tú estabas pidiéndole una plata a *Soho* para modelar. Se había enterado de la nota que me hicieron en esa revista, y me dice: A mí me parece que es superchévere que tú seas modelo, a mí me gustaría que mi mamá fuera muy famosa, que salga en la televisión.

Y yo me quedo mirándolo y pienso: Si tú supieras qué clase de fama tengo yo, hijo. Entonces me da miedo, me dan ganas de llorar, porque siento que un día va a saberlo. Va a enterarse de todo, le van a contar historias, y por eso quiero que exista esta historia verdadera, que es este libro. Para que lo sepa por su madre, para que sepa lo que hice para que él viviera bien, tuviera buenos estudios…

Y ahí lo abrazo y le digo: Amor, tú nunca vayas a juzgar a tu mamá, porque ahora que voy a salir en las revistas la gente va a hablar cosas, algunos van a decir cosas buenas, muchos cosas malas, porque la vida es así, qué pena. ¿Y tú qué vas a hacer cuando en el colegio te digan alguna cosa, como que tu mamá es prostituta, o que es mala, qué dirías? Y él me dice: Mami, lo que yo diría es que es nuestra vida, y que mi vida con mi mamá solamente me interesa a mí y a más nadie.

Yo a mi hijo le inculco que los problemas de la casa se quedan en la casa, de puertas para adentro todo en la casa, y de puertas para afuera ahí hay que verlo, saber manejarlo, saber vivir sin que eso te afecte. Y él lo tiene claro. Por eso, en verdad, yo no tengo mucho miedo de que en unos años él lo vea de otra forma, porque lo voy a ir preparando. Me conozco, yo confío en mí misma, confío en mis capacidades, y a mi hijo le doy mucha confianza para hablar, hablamos de todo. Todo lo que le pasa, todo lo que piensa, todo me lo dice, y yo sé que él lo va a saber entender.

Además, cuando eso pase ya no voy a ser la prostituta, en ese momento voy a tener un negocio, una casa, la fundación, él va a estar bien educado, y eso me lo va a agradecer. Y cuando se entere le diré: Bueno, papi, pasó eso en una vida donde yo no tenía otros recursos, pero ahora hay otra historia, míralo, léete este libro, mira cómo salí adelante… Y él lo va a entender, yo sé íntimamente que lo va a entender. Y si no lo entiende tiene que ser un hijo muy malagradecido en la vida, ¿o no? Pero él no es así. Y uno no cambia en eso.

Una de mis ambiciones en la Cumbre de Presidentes era juntar dinero suficiente para llevar a mi hijito a Disneyworld, pero no pudo ser. Raros son los caminos de Dios, como dice mi mucama, porque ahora, con lo que estoy ganando con las entrevistas y las fotografías como modelo creo que ya no tengo problema con ese dinero. Aunque sospecho que va a ser difícil que me den la visa. Siempre falta algo para el peso.